# Vegetarische Küche

p

Entwurf und Realisation: The Bridgewater Book Company Ltd.
Food-Fotografie: Ian Parsons
Fachberatung: Sara Hesketh und Richard Green



Parragon
Queen Street House
4 Queen Street
Bath BA1 1HE, UK

Übersetzung aus dem Englischen: Andreas Kellermann, Overath
Satz: Alexander Werzeiser, Köln
Projektmanagement und Redaktion: Nazire Ergün, Köln
Koordination: Antje Seidel, Köln

ISBN 1-40543-830-4

Printed in Indonesia

HINWEISE

Sofern die Schale von Zitrusfrüchten benötigt wird, verwenden Sie unbedingt unbehandelte Früchte.
Sofern nicht anders angegeben, wird Vollmilch (3,5 % Fett) verwendet.

Pfeffer sollte stets frisch gemahlener schwarzer Pfeffer sein.

Die angegebenen Zeiten können von den tatsächlichen leicht abweichen, da je nach verwendeter Zubereitungsmethode und vorhandenem Herdtyp Schwankungen auftreten.

Die in jedem Rezept angegebenen Nährwertangaben beziehen sich jeweils auf eine Portion. Optionale Zutaten und Varianten sind hier nicht eingerechnet.

Bei Eiern und einzelnen Gemüsesorten, z. B. Kartoffeln, verwenden Sie mittelgroße Exemplare. Kinder, ältere Menschen, Schwangere, Kranke und Rekonvaleszenten sollten auf Gerichte mit rohen oder nur leicht gegarten Eiern verzichten.

# Inhalt

# Einleitung

*Gemüse gibt es überall. Es schmeckt nicht nur gut, sondern ist auch sehr gesund. Im Laden um die Ecke, im Supermarkt und auf den Wochenmärkten wird heute eine große Vielfalt an frischem Gemüse angeboten. Zudem steckt es voller Vitamine und Mineralstoffe – wir können damit fast die Hälfte des empfohlenen Tagesbedarfs an Vitamin C und ein Viertel des Vitamin-A-Bedarfs decken. Außerdem enthält es Folsäure und verschiedene lebenswichtige Substanzen wie Kalzium.*

Gemüse ist einfach gut für uns: Seine Nährstoffe unterstützen das Immunsystem und fördern das allgemeine Wohlbefinden. Forschungen haben ergeben, dass die im Gemüse enthaltenen Ballaststoffe Krebs vorbeugend wirken. Und eine gesunde, ausgeglichene Verdauung macht sich auch äußerlich bemerkbar: Das Haar wird fest und glänzend, die Haut rein, und überflüssige Pfunde verschwinden.

Gemüse hat einen hohen Wasseranteil, aber nur wenige Kalorien – es sei denn, man schwenkt es in Saucen aus Sahne und Butter. Da es kaum Fette oder Öle enthält, ist es ein ideales Nahrungsmittel für diejenigen, die ihr Gewicht reduzieren möchten. Dank des geringen Natriumgehalts ist es auch für Menschen geeignet, die eine salzarme Diät einhalten müssen. Darüber hinaus enthält Gemüse kaum Cholesterin. Seine Ballaststoffe können dazu beitragen, den Cholesterinspiegel zu senken.

## Magische Kombinationen

Das ganze Jahr über gibt es eine große Auswahl an frischem Gemüse, das sich für alle Mahlzeiten – einschließlich des Frühstücks – verwenden lässt. Man kann heute mit hunderten von verschiedenen Gemüsesorten und unterschiedlichen Zubereitungsarten experimentieren. Ihr Gemüsehändler erklärt Ihnen sicherlich gern die Zubereitung unbekannter Gemüsespezialitäten.

Wenn Sie ein Gemüse in einer bestimmten Zubereitungsart nicht mögen, wählen Sie einfach eine andere: z. B. Karotten rösten statt dünsten, Kohl roh als Krautsalat statt gekocht, Blumenkohl im Wok gegart oder mit einer Sauce überbacken. Probieren Sie zum Frühstück gegrillte Champignons, gegrillte Tomaten oder *Bubble & Squeak* (siehe Seite 64).

Die folgenden Rezepte bieten eine reiche Auswahl für jeden Geschmack und jeden Anlass. Die *Pilz-Zwiebel-Quiche* (siehe Seite 78) passt z. B. wunderbar zu einem Picknick, ein *Spanisches Omelett* (siehe Seite 93) ist ein köstlicher Frühstücksimbiss, *Gemüsetaschen* (siehe Seite 127) und *Kartoffelgratin* (siehe Seite 158) sind elegante Beilagen bei einem festlichen Abendessen, und die *Vegetarische Lasagne* (siehe Seite 120) ist ein köstliches Mittagessen für die Familie. Einige von den Gerichten enhalten wenig Fett, andere sind in dieser Hinsicht etwas üppiger.

Bei Kindern beliebt – und sehr geeignet, wenn Sie wenig Zeit haben – sind *Minestrone* (siehe Seite 23) oder *Pfannengerührtes Gemüse mit Sesam* (siehe Seite 189). Auch den *Überraschungs-Blumenkohl* (siehe Seite 72) mögen Kinder ausgesprochen gern.

Alle Rezepte in diesem Buch eignen sich für Vegetarier. Viele Gerichte lassen sich auch mit Ihrem Lieblingsgemüse zubereiten. Wenn Sie kein Vegetarier sind, können Sie zu dem Gemüse Fleisch oder Fisch essen. Es passt einfach zu allem. Mit Saucen und Dressings können Sie für zusätzliche Aromen und Farben sorgen.

Es gibt in diesem Buch auch eine Reihe von Veganer-Gerichten, die überhaupt keine tierischen Produkte enthalten (siehe jeweils die Rezepteinleitung). Sie stellen eine vollwertige Mahlzeit dar, eignen sich aber auch als Beilage zu einem Fleisch- oder Fischgericht.

## Gemüsesorten

Die bunte Vielfalt der Gemüsesorten lässt sich in mehrere Familien aufteilen:

**Kohlgemüse:** Dazu gehören Weißkohl, Rotkohl, Chinakohl, Grünkohl, Rosenkohl, Brokkoli, Blumenkohl und Kohlrabi. Alle Kohlsorten sind ausgezeichnete Vitamin-C-Lieferanten. Achten Sie beim Einkauf von Weiß-, Rot- und Grünkohl darauf, dass die Innenblätter keine Druckstellen oder gelbe Verfärbungen aufweisen. Kohlköpfe sollten sich schwer und fest anfühlen. Lose eingewickelt lassen sie sich einige Tage im Kühlschrank lagern. Zur Vorbereitung entfernt man beschädigte Außenblätter. Der Strunk und harte Blattrippen (bei Grünkohl) werden abgeschnitten. Zum Dünsten wird der Kohl in dünne Streifen, zum Kochen in dickere Stücke geschnitten. Er wird gegart, bis sich die Farbe aufhellt, er aber noch bissfest ist. Ganze Weißkohlblätter lassen sich gut füllen und überbacken oder gewaschen zu Krautsalat verarbeiten. Damit Rotkohl seine Farbe nicht verliert, gibt man etwas Essig in den Kochsud.

Chinakohl hat einen feineren Geschmack. Achten Sie beim Kauf auf helle, knackige Blätter. Vor dem Garen die Außenblätter entfernen, dann in der Pfanne anbraten, dünsten oder roh in Salaten verwenden.

Brokkoli lässt sich gut mit anderen Gemüsesorten kombinieren. Sahne- oder Käsesaucen harmonieren mit diesem Gemüse. Achten Sie beim Kauf darauf, dass die Blütenknospen dunkelgrün bis violett und die Stängel fest sind. Im Kühlschrank lagern und innerhalb von zwei Tagen verbrauchen. Den dicken Stiel und die Blätter entfernen. In kleine Röschen zerteilen. Die Röschen vor dem Garen in gleich große Stücke schneiden. Brokkoli wird am besten gedünstet oder kurz pfannengerührt, damit er seinen Folsäure-, Vitamin-A- und Kalium-Gehalt nicht verliert.

Rosenkohl ähnelt winzigen Kohlköpfen. Er wird am besten gedünstet, gebraten oder pfannengerührt.

Es gibt zahlreiche Blumenkohlarten, deren Farbe von Hellgrün bis Violett reicht. Wählen Sie Köpfe mit Außenblättern, da diese die empfindlicheren Röschen schützen. Die Röschen selbst sollten keine braunen Flecken aufweisen und fest sein. Blumenkohl wird wie Brokkoli in kleine Röschen zerteilt und dann gedünstet, gekocht oder in der Pfanne gegart, und zwar kurz. Blumenkohl wird meist mit einer Sauce auf Milch- oder Käsebasis zubereitet. Man kann ihn aber auch in mundgerechten, rohen Stücken mit *Hummus* (siehe Seite 41) servieren.

Kohlrabi schmeckt wie eine leicht pfeffrige Kreuzung aus Steckrübe und Kohl. Wählen Sie Knollen mit glatter Schale. Sie lassen sich bis zu zwei Wochen im Gemüsefach des Kühlschranks lagern. Vor dem Garen alle grünen Blätter und Stängel entfernen, die Knolle mit einem kleinen, scharfen Messer schälen und die Stücke in Wasser legen, dem ein Spritzer Zitronensaft hinzugefügt wird.

**Blattgemüse:** Pak Choi, Blattsenf, Spinat und Mangold. Diese Gemüsesorten sind meist sehr geschmacksintensiv und vielseitig verwendbar. Chinesisches Grüngemüse ist mit Kohlgemüse verwandt. Die bekanntesten Sorten sind Pak Choi und Blattsenf. Achten Sie beim Einkauf auf farbintensive Blätter. Das Gemüse im Kühlschrank aufbewahren und innerhalb von zwei Tagen verbrauchen. Kleine Blätter hacken oder klein schneiden, bei größeren Blättern Blatt und Rippen getrennt hacken, dann dünsten, im Wok oder in der Schwenkpfanne garen. Spinat und Mangold passen besonders gut zu Milchprodukten sowie zu asiatischen Gerichten, da sie mit asiatischen Aromen harmonieren. Achten Sie beim Kauf von Spinat auf dunkle, farbintensive Blätter ohne gelbe Flecken oder Druckstellen. Mangold sollte ebenfalls dunkle Blätter und weiße oder rötliche Stiele haben. Spinat und Mangold mehrmals mit Wasser ausspülen und trockentupfen. Beide Gemüsesorten enthalten viel Wasser, und da sie beim Garen stark zusammenfallen, müssen Sie doppelt so viel rohes Gemüse einkaufen, wie Sie essen möchten.

**Sprossengemüse:** Dazu gehören Artischocke, Spargel, Stangensellerie, Chicorée und Fenchel. Dieses Gemüse unterscheidet sich sehr in Geschmack, Konsistenz und Garverfahren.

Die runde Artischocke gehört zur Familie der Disteln. Zubereitung und Verzehr dieses Gemüses ist etwas aufwändig. Frische Artischocken sollten von leuchtender Farbe sein und feste Köpfe haben. Braune Flecken an der Unterseite des Kopfes deuten darauf hin, dass die Artischocke bereits überreif ist. Sie sollte möglichst rasch zubereitet werden. Man kann sie, in ein feuchtes Tuch gewickelt, über Nacht im Kühlschrank aufbewahren.

Bei der Vorbereitung von Artischocken sollte man eine Schüssel mit Wasser, dem ein Spritzer Zitronensaft zugefügt wurde, bereithalten.

Um die Artischocke als Ganzes zuzubereiten, bricht man den Stiel an der Unterseite des Kopfes heraus. Der obere Teil des Kopfes wird abgeschnitten. Nun schneidet man die schuppenartigen Blätter etwa 1 cm gerade ab. Anschließend kocht man den Kopf in gesalzenem, mit Zitronensaft gesäuertem Wasser 35–40 Minuten. Die Artischocke ist gar, wenn sich die Blätter leicht ablösen lassen.

Zum Essen zupft man die Blätter einzeln ab, taucht den unteren Blattrand in Vinaigrette oder zerlassene Butter und streift das köstliche, fleischige Mark mit den Zähnen ab. Nach und nach dringt man langsam zum Herz der Artischocke vor, das von einem dichten Kranz heller Blätter umgeben ist. Nachdem diese entfernt sind, schabt man das Heu (die dicken weißen Fasern) mit einem Messer ab und genießt den intensiven Geschmack des Artischockenbodens.

Um eine Artischocke zu füllen, entfernt man den Stiel und einen Teil der Außenblätter. Blattspitzen und etwa das obere Drittel des Blütenkopfes abschneiden. Kochen (siehe oben), dann die inneren Blätter entfernen und das Heu mit einem Löffel herauskratzen, sodass der ausgehöhlte Kelch gefüllt werden kann.

Spargel lässt sich in vielen Variationen verwenden, vom Risotto bis zur Gemüsepfanne. Kaufen Sie feste weiße oder grüne Stangen mit fest geschlossenen Köpfen, und verbrauchen Sie sie innerhalb eines Tages nach dem Kauf. Zur Vorbereitung die holzigen Enden entfernen und schälen. Den Spargel dünsten, kochen, grillen, rösten oder im Wok garen und mit zerlassener Butter oder als Beilage zu einem anderen Gericht reichen.

Stangensellerie verleiht Salaten und pfannengerührten Gerichten den besonderen Biss. Er eignet sich auch gut als Rohkost und ist im Kühlschrank ca. eine Woche haltbar. Zur Vorbereitung die Stiele trennen und unter fließend kaltem Wasser abspülen. Die Blätter entfernen und die groben Fasern abziehen.

Wegen seines bitteren Geschmacks und seiner bissfesten Konsistenz passen zu Chicorée besonders gut Butter und Käse. Man kann das Chicoréegemüse mit Kräutern und Zitronensaft verfeinern. Einen besonderen Pfiff geben Walnüsse. Achten Sie beim Kauf auf knackige Köpfe mit hellen, zur Spitze hin gelben Blättern.

Fenchel besitzt einen ausgeprägten Anisgeschmack. Dazu harmonieren mediterrane Aromen, z. B. Tomaten und Basilikum, aber auch Früchte, Zwiebeln oder Brunnenkresse. Wählen Sie feste, gleichmäßig gefärbte Knollen mit leuchtend grünen Blättern. Fenchel kann bis zu einer Woche im Gemüsefach des Kühlschranks aufbewahrt werden. Vor dem Garen den harten Strunk und holzige Stängel entfernen. Für Suppen und Eintöpfe oder als Salatrohkost in dünne Scheiben schneiden. Auch gegrillt, gedünstet oder geröstet ist Fenchel eine Delikatesse.

**Blattsalat:** Zu dieser Gruppe gehören viele verschiedene Gemüsesorten – z. B. Kopfsalat, Kresse, Rucola (Rauke), Frisée und Radicchio, aber auch exotischere Zutaten wie Eskariol (glatte Endivie) oder der Asiasalat Mizuna.

Buttersalat ist ein runder Kopfsalat mit weichen Blättern und feinem Geschmack. Eisbergsalat und Romana-Salat (Römischer Salat) sind weniger aromatisch, halten sich mit ihren knackigen Blättern im Kühlschrank jedoch relativ lange. Der violette Lollo Rosso und der grüne Lollo Biondo schmecken etwas bitter. Eichblattsalat besteht aus einem Büschel loser Blätter mit violetten Blattspitzen.

Die pikante Kresse kann man gut als Garnierung oder zur Verfeinerung an Suppen oder Eintöpfe geben. Rucola hat einen würzigen Geschmack und schmale, leuchtend grüne Blätter.

Der Geschmack von Eskariol, Frisée und Radicchio reicht von mild-würzig bis hin zu bitter. Diese Salate werden am besten sparsam verwendet und mit anderen gemischt. Radicchio sieht mit seiner dunkelroten Farbe und den weißen Blattrippen besonders reizvoll aus.

Kaufen Sie frische Salate ohne Druckstellen oder welke Blätter. Bewahren Sie den Salat ohne Plastikhülle im Kühlschrank auf. Gemischter Blattsalat ist meist in Polyäthylen-Hüllen verpackt, damit er frisch bleibt.

Blattsalat vorsichtig in kaltem Wasser waschen und trockentupfen, ohne die Blätter zu knicken oder zu drücken. Die Blätter nicht hacken, sondern rupfen, damit sie keine Flüssigkeit verlieren und mehr von ihren Nährstoffen erhalten bleibt. Manche Sorten wie z. B. Romana-Salat sind allerdings gröber und müssen gehackt oder geraspelt werden. Gießen Sie das Dressing erst kurz vor dem Servieren über den Salat, sonst besteht die Gefahr, dass er zusammenfällt. Blattsalate werden am besten nur mit Olivenöl oder einer leichten Vinaigrette beträufelt. Verfeinern Sie Ihren Salat mit verschiedenen Zutaten, z. B. Käse, Croûtons, gerösteten Nüssen oder entsteinten Oliven. Oder bereiten Sie ihn einmal nach einem bekannten Rezept zu, z. B. *Caesar-Salat* (siehe Seite 210).

**Herzhafte Salatbegleiter:** Avocados, Salatgurken und Radieschen gibt es im Sommer in Hülle und Fülle, und außerdem sind sie dann auch preiswert.

Avocados gelten im Grunde nicht als Gemüse, sondern als Früchte, werden aber für pikante Gerichte verwendet und haben einen hohen Fettgehalt. Reife Avocados fühlen sich bei vorsichtigem Druck weich an. Meist findet man allerdings harte Avocados, die mindestens zwei bis drei Tage bei Zimmertemperatur lagern müssen, bevor sie reif sind. Sie werden zubereitet, indem man sie längs um den Kern einschneidet, die beiden Hälften trennt und den Kern entfernt. Das Fleisch wird mit Zitronensaft beträufelt, damit es sich nicht verfärbt. Mit Mayonnaise oder einer Vinaigrette servieren oder das Fleisch auslösen und für eine Guacamole zerdrücken.

Salatgurken haben einen sehr hohen Wassergehalt und lassen sich wegen ihrer kühlenden Wirkung gut mit sehr würzigen Zutaten kombinieren. Achten Sie beim Kauf auf feste Exemplare ohne weiche Stellen. Im Kühlschrank lagern und nach Bedarf anschneiden, dabei die erste, ausgetrocknete Scheibe wegwerfen. Für einen schnellen, einfachen Dip fein gewürfelte Salatgurke mit Naturjoghurt, Knoblauch, frisch gehackter Minze und klein geschnittenem, frischem Dill mischen. Um der Gurke die überschüssige Flüssigkeit zu entziehen, hackt man sie und bestreut sie mit Salz. Dann lässt man sie etwa eine Stunde lang in einem Sieb abtropfen, bevor man sie mit Küchenpapier trockentupft.

Die mundgerechten roten oder weißen Radieschen sind wegen ihres pikanten Geschmacks und ihrer Bissfestigkeit ideal für Salate. Radieschen halten sich im Kühlschrank bis zu einer Woche frisch.

**Pilze:** Pilze können Sie kaufen oder sammeln. Letzteres empfiehlt sich aber nur, wenn Sie in der Lage sind, die essbaren Sorten zweifelsfrei zu bestimmen!

Die Auswahl an frischen und getrockneten Pilze ist groß, und einige Wildpilze sind so beliebt, dass auch sie inzwischen kultiviert werden. Am weitesten verbreitet sind weiße Zuchtchampignons. Sie sehen makellos aus und lassen sich gut unzerkleinert oder für Eintöpfe in Scheiben geschnitten verwenden. Für Suppen sind aromatischere Sorten besser geeignet.

Die Zuchtpilze Champignons de Paris sind den Waldchampignons sehr ähnlich. Mit ihrem festen Fleisch und ihrem kräftigen Geschmack sind sie ideal für Füllungen, Pasteten, Gemüsekuchen oder Saucen. Wiesenchampignons sind größer und sehr geschmackvoll. Sie werden am besten geröstet, gefüllt und überbacken oder in Folie gegrillt.

Steinpilze haben einen besonders feinen, aromatischen Geschmack. Es gibt sie frisch oder getrocknet. Getrocknete Steinpilze verleihen Suppen ein kräftiges Aroma.

Wachsender Beliebtheit erfreuen sich Morcheln. Im Allgemeinen werden frische Pilze nur mit einem feuchten Küchentuch abgewischt. Da sich aber in den vielen Kammern der Morcheln Schmutz oder Insekten festsetzen, weicht man sie in Salzwasser ein und spült sie dann unter fließend kaltem Wasser ab.

Die goldfarbenen Pfifferlinge schmecken delikat, sind aber sehr porös. Deshalb wäscht man sie nicht, sondern bürstet den Schmutz mit einem weichen Pinsel ab.

Die reizvoll gerillten Austernseitlinge gibt es nur frisch. Sie eignen sich für die meisten Gerichte, geben beim Garen aber viel Flüssigkeit ab.

Shiitake-Pilze stammen ursprünglich aus Japan, werden heute aber vielerorts angebaut. Sie haben recht zähes Fleisch und einen kräftigen Geschmack. Für Pfannengerichte und Saucen schneidet man sie in dünne Scheiben, für Eintöpfe in dicke Stücke.

Die kleinen, aus China stammenden Strohpilze werden auf Stroh gezogen. Sie werden in Dosen oder Gläsern angeboten.

Frische Pilze müssen beim Kauf fest sein und dürfen keine Druckstellen, braunen Flecken oder Zeichen von Feuchtigkeit aufweisen. Wildpilze faulen schneller als kultivierte Sorten und müssen daher rasch verbraucht werden.

Getrocknete Wildpilze sind oft recht teuer. Da sie aber sehr geschmacksintensiv sind und beim Einweichen auf das Vierfache ihres Originalgewichts anschwellen, benötigt man meist nur eine kleine Menge. Für Saucen und Suppen lohnt sich der Kauf von getrockneten Pilzen immer.

Frische Zuchtpilze wischt man feucht ab, Wildpilze werden nur behutsam abgebürstet. Die angetrockneten Stilenden schneidet man ab. Getrocknete Pilze werden in Wasser eingeweicht, um auch festsitzenden Schmutz zu entfernen. Bei Verwendung in heißem Wasser, Wein oder Brühe ca. 20 Minuten einweichen.

**Hülsenfrüchte:** Diese Gemüsesorten sorgen für bunte Farbtupfer in Eintöpfen und Salaten. Sie lassen sich gut einfrieren und sind schnell und leicht zuzubereiten. Erbsen gibt es tiefgefroren, im Glas oder in der Dose und auch frisch. Sie sind besonders lecker in asiatischen Curries und sahnigen Nudelgerichten. Frische Erbsenschoten sollten voll, prall und von leuchtender Farbe sein. Man kann sie bis zu drei Tage im Kühlschrank lagern. Frische Erbsen werden am besten leicht gedünstet, gekocht, in der Mikrowelle oder im Wok gegart.

Mangetout und Zuckererbsen sehen sehr ähnlich aus, Letztere sind jedoch rundlicher. Die Schoten werden im Ganzen gegessen. Sie können sie drei bis vier Tage im Kühlschrank aufbewahren. Vor dem Kochen die Stielansätze abbrechen und die Fäden an der Seite abziehen. Diagonal in mundgerechte Stücke schneiden und dünsten oder im Wok garen.

Achten Sie beim Kauf frischer Bohnen auf eine ansprechende Farbe. Längere Sorten sollten sich – abgesehen von kleinen Exemplaren – durchbrechen lassen, wenn sie frisch sind. Bohnen lassen sich vier bis fünf Tage im Kühlschrank lagern.

Dicke-Bohnen-Schoten sehen manchmal zäh und hart aus, die Bohnen im weichen Inneren sind dennoch hellgrün und zart. Am besten kaufen Sie mittelgroße Schoten von intensiv grüner Farbe. Sie lassen sich drei bis vier Tage im Kühlschrank lagern. Zur Vorbereitung die Bohnen enthülsen und kochen (5 Minuten bei jungen, kleinen Bohnen und ca. 15 Minuten bei älteren, größeren).

**Zwiebelgemüse:** Zwiebeln sind zur Aromatisierung vieler Speisen unentbehrlich, aber auch ein reines Zwiebelgericht ist eine Delikatesse. Die einfachen braunen oder auch gelben Zwiebeln sind ein vielseitiges Allzweckgemüse. Gemüsezwiebeln sind groß, weißfleischig und von milderem Geschmack. Weiße Zwiebeln haben knackiges Fleisch und schmecken roh oder gekocht. Rote Zwiebeln verleihen den Gerichten Farbe und eignen sich gut zum Grillen und Rösten.

Achten Sie beim Kauf von Zwiebeln auf feste Knollen mit gleichmäßig gefärbter Schale und ohne grüne Triebe. An einem kühlen, trockenen, dunklen Ort sind sie je nach Sorte einige Wochen bis einige Monate haltbar – rote halten sich weniger lange als braune.

Knoblauch gehört ebenfalls zur Zwiebelfamilie. Er trägt zur Senkung des Cholesterinspiegels bei und stärkt das Immunsystem. Wählen Sie feste, geschlossene und unbeschädigte Knollen. An einem kühlen, trockenen, belüfteten Ort gelagert hält sich Knoblauch mehrere Wochen. Zur Vorbereitung schälen und hacken oder mit einer Knoblauchpresse zerdrücken. Knoblauch beim Garen nicht anbrennen lassen, da das Gericht sonst bitter wird. Gerösteter Knoblauch ergibt eine reizvolle Garnierung und verleiht Salatdressings und Dips ein feines Aroma.

Schalotten sind kleiner als Zwiebeln und schmecken milder und süßer. Ihr Fleisch ist oft rosafarben. Sie sollten beim Kauf fest sein. Sie werden genauso vor- und zubereitet wie Zwiebeln.

Porree hat einen milderen Geschmack als Zwiebeln und passt gut zu Käsesaucen und Kartoffeln. Kleine bis mittelgroße Stangen haben die beste Konsistenz. Achten Sie beim Kauf aber auch auf dunkelgrüne, unbeschädigte Blätter. Porree hält sich im Kühlschrank bis zu einer Woche. Zur Vorbereitung die äußeren Blätter entfernen, Wurzelansatz und Blattspitzen abschneiden und die Stangen bis fast zum weißen Teil längs spalten. Unter fließend kaltem Wasser gut abspülen. Dabei die Blätter auffächern, um den zwischen den Lagen sitzenden Schmutz zu entfernen. In Ringe oder dickere Stücke schneiden und im Wok garen, pfannenrühren, anbraten oder in der Pfanne dünsten.

Frühlingszwiebeln werden meist für Salate und Pfannengerichte verwendet. Ihre Blätter sollten von leuchtender Farbe sein. Sie können bis zu einer Woche im Kühlschrank gelagert werden. Beide Enden abschneiden und die beschädigten Außenblätter entfernen. Hacken, klein schneiden und im Wok garen oder zur Verfeinerung roh in Salate geben.

**Mais:** Beim Zuckermais kann man zwischen Kolben oder Körnern in Dosen und frischen Maiskolben wählen. Nach dem Kauf so schnell wie möglich verzehren, da der Mais sonst seine Süße verliert. Man kann ihn bis zu zwei Tage in einem Plastikbeutel im Kühlschrank lagern. Zur Vorbereitung Hüllblätter und Narbenfäden entfernen und 10 Minuten kochen bzw. dünsten. Die Kerne sollten sich beim Anstechen weich anfühlen. Um sie vom Kolben zu lösen, hält man diesen schräg und schabt die Kerne mit einem scharfen Messer von oben nach unten ab.

**Wurzel- und Knollengemüse:** Da die meisten Nährstoffe bei diesen Gemüsesorten direkt unter der Schale sitzen, sollten sie nur dünn geschält werden.

Rote Bete passt mit ihrem süßen Geschmack zu Zwiebel- und Zitrusaromen, pikantem Käse und Senf oder Meerrettich. Kaufen Sie feste, glatte Rüben mit Blättern. Nachdem Sie die Blätter abgetrennt haben, können Sie die Rüben einige Wochen im Salatfach des Kühlschranks lagern. Zur Vorbereitung die Rüben abschrubben. Dann rösten, backen, kochen oder roh verzehren.

Karotten lassen sich mit vielen verschiedenen Geschmacksrichtungen kombinieren, von scharfen Currygerichten bis hin zu milden Käsesaucen. Sie halten sich an einem kühlen, belüfteten Ort bis zu einer Woche. Dünn schälen (außer biologisch angebaute Sorten, diese werden unter Wasser abgebürstet), beide Enden abschneiden und klein schneiden, dann kochen, dünsten, im Wok garen oder rösten.

Knollensellerie schmeckt wie Stangensellerie, passt gut zu Käse, Butter oder Frischkäse und schmeckt auch roh in Salaten. Kaufen Sie mittelgroße Exemplare, größere sind oft holzig oder hohl. Schälen, klein schneiden und in Wasser mit einem Spritzer Zitronensaft legen. Dann kochen oder in der Schwenkpfanne braten.

Topinambur mit seinem süßen, knackigen Fleisch wird für Suppen und Eintöpfe verwendet oder mit saurer Sahne bzw. Crème fraîche serviert. Kaufen Sie feste Knollen. Sie können bis zu zwei Wochen im Salatfach des Kühlschranks aufbewahrt werden. Zur Vorbereitung unter Wasser abbürsten und schälen. Damit sich das Gemüse nicht verfärbt, legt man es gleich nach dem Schälen in Wasser, dem ein Spritzer Zitronensaft zugefügt ist, und bereitet es bald darauf beliebig zu.

Die kräftig-süß schmeckenden Pastinaken können bis zu einer Woche an einem kühlen, trockenen Ort aufbewahrt werden. Kaufen Sie kleine, feste Exemplare. Zur Vorbereitung abbürsten, schälen und in Scheiben schneiden oder hacken. Dann kochen, dünsten, braten oder rösten.

Kartoffeln gehören zu den am häufigsten verwendeten Gemüsesorten der Welt. Wenn Sie die Kartoffeln kochen, in der Pfanne braten oder für Salate verwenden wollen, wählen Sie fest kochende Sorten. Zum Backen und pürieren eignen sich besser mehlige Sorten. Verwenden Sie keine grünen Kartoffeln. Bei ihnen haben sich unter Lichteinwirkung Gifte gebildet. Kleinere grüne Stellen können Sie bei der Vorbereitung einfach abschneiden. Kartoffeln halten sich an einem dunklen, trockenen, gut belüfteten Ort ca. zwei Wochen. Zur Vorbereitung unter Wasser abbürsten oder wegen eventueller Pestizidrückstände dünn schälen.

Süßkartoffeln haben orangefarbenes oder weißes Fleisch und sind wegen ihres süßlich-feinen Aromas ideal für Eintöpfe oder Püree. Sie halten sich an einem kühlen, trockenen Ort bis zu einer Woche frisch. Unter Wasser abbürsten und backen oder dünn schälen, in Scheiben oder Würfel schneiden und kochen bzw. zu Püree verarbeiten.

Steckrüben haben eine grünlich weiße oder violette Schale und schmecken würzig. Wählen Sie kleine Exemplare mit glatter, fester Schale. Sie können sie bis zu zwei Wochen an einem kühlen Ort aufbewahren. Junge Steckrüben unter kaltem Wasser abbürsten, größere schälen. Steckrüben passen zu Eintöpfen, können aber auch gedünstet, gebraten oder zu Püree verarbeitet werden.

Yamswurzeln werden in der karibischen Küche verwendet und ähneln Süßkartoffeln, enthalten jedoch mehr Stärke. Yamswurzeln können an einem kühlen, trockenen, dunklen Ort bis zu einer Woche aufbewahrt werden. Abbürsten, mit Öl einreiben und unzerkleinert backen.

**Fruchtgemüse:** Dazu gehören Gemüsesorten wie Auberginen, Chili-Schoten, Paprika, Zucchini oder Tomaten, die mit kräftigen Farben und intensivem Geschmack die Gerichte beleben.

Auberginen sind sehr vielseitig. Sie sollten glatt und glänzend aussehen und an einem kühlen, trockenen Ort gelagert werden. Zur Vorbereitung abwaschen, den Stielansatz abschneiden und die Aubergine in Scheiben schneiden oder würfeln.

Es gibt milde, aber auch extrem scharfe Chilischoten. Je harmloser sie aussehen, desto schärfer sind sie im Allgemeinen – die kleinen, dunklen sind meist am schärfsten. Rote Chilischoten sind in der Regel süßer als grüne. Man kann sie etwa drei Wochen im Kühlschrank lagern; gut haltbar sind Chillies auch in einem Glas mit Öl. Bei der Arbeit mit Chillies sollte man sich, bevor man Augen oder Mund berührt, immer erst die Hände waschen.

Paprika gibt es als grüne, rote, gelbe und orangefarbene Früchte. Seltener sind sie weiß oder violett. Paprika sind zwar mit den Chillies verwandt, aber weniger scharf als diese. Je wärmer die Farbe, desto süßer ist die Paprika. Rote und gelbe Schoten enthalten überdies viel Vitamin C. Achten Sie beim Kauf auf feste, glatte Haut und leuchtende Farben. Paprika lässt sich bis zu einer Woche im Kühlschrank aufbewahren. Zur Vorbereitung den Stil der Paprika entfernen und das spitze Ende unten abschneiden, dann halbieren und entkernen. Zu Eintöpfen oder Pfannengerichten geben, grillen, rösten, als Ganzes backen oder roh in Salaten verzehren.

Tomaten sollten sich fest, aber nicht hart anfühlen. Rote Tomaten sind reif, grünlich gelbe brauchen zum Reifen noch ein paar Tage, ausgenommen gelbe Sorten. Kirschtomaten schmecken süß und geben Salaten einen besonderen Pfiff. Bewahren Sie Tomaten nicht im Kühlschrank auf, sondern lagern Sie sie bei Zimmertemperatur. Reife Tomaten halten sich ein paar Tage, unreife etwas länger.

**Kürbisgewächse:** Zu den Sommerkürbissen zählen Zucchini, Patissons und gelbe Spaghettikürbisse. Sie sollten nicht geschält werden, da sie dadurch ihr Aroma verlieren und weich werden. Sie schmecken köstlich in Eintöpfen oder geröstet. Winterkürbisse eignen sich für Suppen und Eintöpfe und halten sich an einem kalten, trockenen, gut belüfteten Ort monatelang. Sie passen gut zu Käse, scharfen Gewürzen und Zutaten mit kräftigem Aroma wie z. B. Knoblauch. Dickschalige Sorten vor dem Garen schälen. Dann kochen, dünsten, rösten oder backen.

# Grundrezepte

## Pasteten-Mürbeteig

**Ergibt:** 1 Teigstück (23 cm Durchmesser)
**Vorbereitung:** 10 Min.,
plus 30 Min. Kühlzeit

**175 g Mehl**
**1 Prise Salz**
**85 g Butter, plus etwas mehr zum Einfetten**
**1 Eigelb**
**3 EL Eiswasser**

1 Mehl und Salz in eine Schüssel sieben. Butter zugeben, in das Mehl schneiden und mit den Fingerspitzen einarbeiten, bis eine bröselige Mischung entsteht.

2 Eigelb und Wasser in einer kleinen Schüssel verquirlen. Die Flüssigkeit über die Mehlmischung träufeln und mit den Fingerspitzen einarbeiten.

3 Den Teig zu einer Kugel formen, abdecken und für 30 Minuten in den Kühlschrank stellen.

## Mayonnaise

**Ergibt:** 300 ml
**Vorbereitung:** 15 Min.

**2 Eigelb**
**1 Prise Salz, plus etwas mehr zum Abschmecken**
**150 ml Sonnenblumenöl**
**150 ml Olivenöl**
**1 EL Weißweinessig**
**2 TL Dijon-Senf**
**Pfeffer**

1 Eigelb und Salz verquirlen. Die zwei Öle mischen. Ein Viertel der Ölmischung tröpfchenweise unter ständigem Schlagen mit dem Schneebesen zugeben.

2 Den Essig unterrühren, dann den Rest der Ölmischung unter ständigem Schlagen langsam zugeben.

3 Den Senf unterrühren und mit Salz und Pfeffer abschmecken.

## Pizzateigböden

**Ergibt:** 2 Pizzaböden
(25 cm Durchmesser)
**Vorbereitung:** 20 Min.,
plus 1 Std. Ruhezeit

**350 g Mehl (Type 550), plus etwas mehr zum Bemehlen**
**1 TL Salz**
**200 ml lauwarmes Wasser**
**2 EL Olivenöl, plus etwas mehr zum Einfetten**
**1 TL Trockenhefe**

1 Mehl und Salz in eine große Schüssel sieben und eine Mulde in die Mitte drücken. Wasser, Öl und Hefe in die Mulde geben. Die Zutaten langsam mit den Händen zu einem Teig verarbeiten.

2 Den Teig auf eine leicht bemehlte Arbeitsfläche geben und 5 Minuten glatt kneten, dann zu einer Kugel formen, in eine eingeölte Schüssel legen und mit eingeölter Frischhaltefolie abdecken. An einem warmen Ort 1 Stunde gehen lassen, bis sich sein Volumen verdoppelt hat.

3 Den Teig auf eine leicht bemehlte Arbeitsfläche legen, kurz durchkneten und dann Pizzaböden daraus formen.

## Gemüsebrühe

**Ergibt:** 2 l
**Vorbereitung:** 20 Min.
**Garzeit:** 45 Min.

**2 EL Sonnenblumen- oder Maiskeimöl**
**125 g Zwiebeln, fein gehackt**
**125 g Porree, fein geschnitten**
**125 g Karotten, fein geschnitten**
**4 Selleriestangen, fein geschnitten**
**100 g Fenchel, gewürfelt**
**100 g Tomaten, gewürfelt**
**2,5 l Wasser**
**1 Bouquet garni**

1 Das Öl in einem Topf erhitzen. Zwiebeln und Porree hineingeben und bei niedriger Hitze unter gelegentlichem Rühren 5 Minuten weich dünsten.

2 Das restliche Gemüse zugeben, abdecken und bei niedriger Hitze unter gelegentlichem Rühren 10 Minuten dünsten. Wasser und Bouquet garni zugeben, aufkochen und 20 Minuten köcheln lassen.

3 Abseihen, abkühlen lassen und im Kühlschrank lagern. Sofort verbrauchen oder portionsweise einfrieren (bis zu 3 Monate haltbar).

## Crêpe-Teig

**Ergibt:** 12 Crêpes
**Vorbereitung:** 10 Min.,
plus 30–60 Min. Ruhezeit
(nach Belieben)

**125 g Mehl**
**Salz**
**1 Ei, leicht verquirlt**
**300 ml Milch**
**1 TL Sonnenblumenöl**

1 Mehl mit Salz in eine Schüssel sieben. Das Ei und die Hälfte der Milch mit einem Holzlöffel unterrühren. Weiterrühren, bis die Mischung glatt ist.

2 Die restliche Milch und das Öl unterrühren.

3 Den Teig in ein Gefäß gießen und nach Belieben 30–60 Minuten ruhen lassen. Den Teig vor Zubereitung der Crêpes durchrühren.

# Suppen & Vorspeisen

*Gemüsegerichte gehören zu den beliebtesten Vorspeisen. Sie entwickeln eine große geschmackliche und farbenfrohe Vielfalt und wirken sehr appetitanregend. Das Gleiche gilt für Suppen. Viele der folgenden Rezepte, z. B.* Brokkoli-Käse-Suppe *(siehe Seite 21) oder* Tomaten-Basilikum-Suppe *(siehe Seite 26), ergeben einen köstlichen ersten Gang oder auch – mit frischem, knusprigem Brot – ein schmackhaftes, leichtes Mittagessen. In diesem Kapitel finden Sie bekannte Klassiker wie* Minestrone *(siehe Seite 23), eher ungewöhnliche Rezepte wie* Brunnenkressesuppe mit Birnen *(siehe Seite 20) und eine Auswahl kalter Suppen wie* Gazpacho *(siehe Seite 32) für das sommerliche Abendessen.*

*Die Rezepte stammen aus den Küchen der ganzen Welt: Sie können kulinarische Reisen unternehmen, z. B. nach Italien* (Antipasti, *siehe Seite 38) über Mexiko* (Frijoles, *siehe Seite 35) bis in die Türkei* (Imam bayildi, *siehe Seite 49). Die Geschmackspalette der Gerichte reicht von würzig-scharf bis mild-sahnig. Manche Speisen bestechen durch ihre Schlichtheit, andere sind so raffiniert, dass sie sich für ein festliches Abendessen eignen. Einige werden überhaupt nicht gekocht, andere dagegen warm oder heiß serviert.*

*In diesem Kapitel werden Sie Rezepte nach Ihrem Geschmack finden – ob Sie überzeugter Vegetarier oder Veganer sind oder einfach nur einmal etwas Neues und Interessantes ausprobieren möchten.*

# Französische Zwiebelsuppe

**Garzeit: 1 Std. 30 Min.** **Vorbereitung: 30 Min.** **Für 6 Personen**

| NÄHRWERTANGABEN | |
|---|---|
| Kilokalorien | 443 |
| Eiweiß | 20 g |
| Kohlenhydrate | 37 g |
| Zucker | 8 g |
| Fett | 24 g |
| davon gesättigt | 11 g |

### Variation

Bevor man die Suppe in die Schalen füllt, kann man nach Belieben noch 2 Esslöffel Weinbrand unterrühren.

*Diese einfache, aber aromatische Suppe kann man als Vorspeise oder leichtes Mittagsgericht servieren. Französische Zwiebelsuppe wird traditionell mit Hühner- oder Rinderbrühe zubereitet, für diese vegetarische Variante dagegen nimmt man eine Gemüsebrühe mit Zwiebeln, Porree, Karotten, Sellerie, Fenchel und Tomaten.*

### ZUTATEN

**700 g Zwiebeln, geschält**
**3 EL Olivenöl**
**4 Knoblauchzehen, davon 3 gehackt und 1 ganz, aber geschält**
**1 TL Zucker**
**2 TL frisch gehackter Thymian**
**2 EL Mehl**
**25 ml trockener Weißwein**
**2 l Gemüsebrühe (siehe Seite 13)**
**Salz**
**6 Baguettescheiben**
**300 g Gruyère, gerieben**
**frische Thymianzweige, zum Garnieren**

1

2

2

### Tipp

Vor Zubereitung der Suppe sollten Sie sich unbedingt genug Zeit zum Kochen der Gemüsebrühe nehmen (siehe Seite 13). Lässt man die Brühe etwas stehen, können sich ihre Aromen besser entfalten.

1 Die Zwiebeln in Ringe schneiden. Das Olivenöl in einem großen, gusseisernen Topf erhitzen, die Zwiebeln hineingeben und unter gelegentlichem Rühren 10 Minuten dünsten, bis sie beginnen, sich zu bräunen. Gehackten Knoblauch, Zucker und Thymian unterrühren, die Hitze reduzieren und unter gelegentlichem Rühren 20 Minuten bei geringer Hitze garen, bis die Zwiebeln goldbraun sind.

2 Das Mehl einstreuen und unter Rühren 1–2 Minuten anschwitzen. Den Wein unterrühren. Nach und nach die Brühe zugeben. Mit Salz abschmecken. Aufkochen und den Schaum an der Oberfläche abschöpfen, dann die Hitze reduzieren und 45 Minuten köcheln lassen. Währenddessen das Brot von beiden Seiten unter dem vorgeheizten Grill toasten. Das getoastete Brot mit der ganzen Knoblauchzehe einreiben.

3 Die Suppe in 6 feuerfeste, auf einem Backblech stehende Schüsseln schöpfen. In jede Schüssel ein Stück Toast geben und den geriebenen Käse auf die Schüsseln verteilen. 2–3 Minuten unter den Backofengrill stellen, bis der Käse geschmolzen ist. Mit den Thymianzweigen garnieren und servieren.

# Linsen-Karotten-Suppe

**Für 6 Personen** **Vorbereitung: 15 Min.** **Garzeit: 45 Min.**

*Diese köstliche, gehaltvolle Suppe aus roten Linsen und Karotten mit einer raffinierten Auswahl an Gewürzen ist schnell zubereitet. Durch die grüne Chili erhält sie eine gewisse Schärfe. Sie ist sehr nahrhaft: Die Linsen sind reich an Ballaststoffen und pflanzlichem Eiweiß, die Karotten an Vitamin C und E.*

| NÄHRWERTANGABEN | |
|---|---|
| Kilokalorien | 173 |
| Eiweiß | 9 g |
| Kohlenhydrate | 24 g |
| Zucker | 11 g |
| Fett | 5 g |
| davon gesättigt | 1 g |

**ZUTATEN**

- 125 g rote Linsen
- 1,2 l Gemüsebrühe (siehe Seite 13)
- 350 g Karotten, in Scheiben
- 2 Zwiebeln, gehackt
- 250 g gehackte Tomaten aus der Dose
- 2 Knoblauchzehen, gehackt
- 2 EL Ghee oder Butter
- 1 TL gemahlener Kreuzkümmel
- 1 TL gemahlener Koriander
- 1 frische grüne Chili, entkernt und gehackt, oder 1 TL Chiliflocken
- ½ TL gemahlene Kurkuma
- 1 EL Zitronensaft
- 300 ml Milch
- Salz
- 2 EL frisch gehackter Koriander
- Naturjoghurt, zum Servieren

### Variation

Wenn Sie je nur ½ Teelöffel gemahlenen Kreuzkümmel und Koriander sowie 1 Teelöffel Currypulver zufügen, erhalten Sie eine andere Geschmacksnote.

1

2

4

### Tipp

Die Linsenmischung nur bei sehr geringer Hitze köcheln lassen, sonst backt sie am Topfboden fest und brennt sehr schnell an.

1 Die Linsen in ein Sieb geben und unter fließend kaltem Wasser gründlich waschen. Abtropfen lassen und zusammen mit 900 ml Brühe, Karotten, Zwiebeln, Tomaten und Knoblauch in einen großen Topf geben. Kurz aufkochen, anschließend die Hitze reduzieren und abgedeckt 30 Minuten köcheln lassen.

2 Das Ghee oder die Butter in einem kleinen Topf erhitzen und darin Kreuzkümmel, Koriander, Chili und Kurkuma 1 Minute anbraten. Den Topf vom Herd nehmen und den Zitronensaft einrühren.

3 Die Suppe portionsweise im Mixer pürieren, wieder in den Topf füllen, die restlichen 300 ml Brühe und die Gewürzmischung zugeben und 10 Minuten köcheln lassen. Die Milch zugießen und mit Salz abschmecken.

4 Den gehackten Koriander einrühren und noch einmal erhitzen. Auf Schalen verteilen und mit je einem Löffel Joghurt garnieren.

# Brunnenkressesuppe mit Birnen

**Für 6 Personen** **Vorbereitung: 20 Min.** **Garzeit: 20 Min.**

*Eine sahnige, raffinierte Suppe, die man heiß oder kalt reichen kann (siehe Tipp). Sie wird traditionell mit Hühnerbrühe zubereitet, unsere Version dagegen verwendet Gemüsebrühe.*

**ZUTATEN**

**4 Birnen**

**1 Bund Brunnenkresse**

**850 ml Gemüsebrühe (siehe Seite 13)**

**Saft von ½ Zitrone**

**Salz und Pfeffer**

**125 g Crème double**

**CROÛTONS**

**2–3 Scheiben Weißbrot vom Vortag**

**2 EL Olivenöl**

| NÄHRWERTANGABEN | |
|---|---|
| Kilokalorien | 136 |
| Eiweiß | 1 g |
| Kohlenhydrate | 11 g |
| Zucker | 11 g |
| Fett | 10 g |
| davon gesättigt | 6 g |

**Tipp**

Um die Suppe kalt zu servieren, vor dem Einrühren der Crème double in Schritt 4 abkühlen lassen. Danach die Mischung in eine Schüssel füllen, mit Frischhaltefolie abdecken und ca. 1–2 Stunden kalt stellen.

1 Die Birnen entkernen und in Scheiben schneiden. Zwei Drittel der Brunnenkresseblätter zusammen mit Birnen und Gemüsebrühe in einen Topf geben. Aufkochen, die Hitze reduzieren und 15 Minuten köcheln lassen.

2 Inzwischen die Croûtons zubereiten. Die Kruste des Brotes entfernen und das Brot in 5 mm große Würfel schneiden. Das Öl in einer großen Pfanne erhitzen und die Brotwürfel hineingeben. Unter ständigem Schwenken und Rühren braten, bis sie gleichmäßig gebräunt sind. Auf Küchenpapier abtropfen lassen.

3 Die Birnen-Brunnenkresse-Mischung vom Herd nehmen und etwas abkühlen lassen. Die übrigen Brunnenkresseblätter zugeben. Alles in der Küchenmaschine zu einer glatten Mischung verarbeiten. Diese mit einem Holzlöffel durch ein engmaschiges Sieb in eine Schüssel streichen. Den Zitronensaft unterrühren und mit Salz und Pfeffer abschmecken.

4 Die Crème double unterrühren. Die Suppe wieder in einen sauberen Topf füllen und vorsichtig erhitzen. Dann mit den Croûtons garnieren und sofort servieren.

# Brokkoli-Käse-Suppe

**Garzeit: 20 Min.** **Vorbereitung: 20 Min.** **Für 6 Personen**

*Eine köstlich-aromatische Suppe, die mit etwas knusprigem Vollkornbrot gehaltvoll genug ist für einen sättigenden Mittagsimbiss.*

| NÄHRWERTANGABEN | |
|---|---|
| Kilokalorien | 249 |
| Eiweiß | 14 g |
| Kohlenhydrate | 16 g |
| Zucker | 4 g |
| Fett | 15 g |
| davon gesättigt | 9 g |

**ZUTATEN**

**2 frische Estragonzweige**

**25 g Butter**

**1 Zwiebel, gehackt**

**450 g Kartoffeln, geraspelt**

**Salz und Pfeffer**

**1,7 l Gemüsebrühe (siehe Seite 13)**

**700 g Brokkoli, in kleine Röschen zerteilt**

**175 g Emmentaler**

**1 EL frisch gehackte Petersilie, plus etwas mehr zum Garnieren**

1

3

3

### Tipp

Machen Sie die Küchenmaschine nicht zu voll. Bei der Zubereitung einer großen Menge Suppe ist es eventuell erforderlich, sie in mehreren kleinen Portionen zu verarbeiten.

1 2 Teelöffel Estragon hacken. Die Butter in einem großen Topf zerlassen. Die Zwiebel hineingeben und unter gelegentlichem Rühren 5 Minuten weich dünsten. Geriebene Kartoffeln und Estragon zugeben, nach Belieben mit Salz und Pfeffer abschmecken und alles vermengen. Gerade so viel Brühe zugießen, dass die Mischung bedeckt ist, und aufkochen. Die Hitze reduzieren, abdecken und 10 Minuten köcheln lassen.

2 Inzwischen die restliche Brühe in einem anderen Topf aufkochen. Den Brokkoli hineingeben und 6–8 Minuten garen.

3 Beide Töpfe vom Herd nehmen und etwas abkühlen lassen. Dann den Inhalt beider Töpfe in die Küchenmaschine geben und zu einer glatten Mischung verarbeiten. Diese wieder in einen sauberen Topf gießen. Den Käse reiben und mit der Petersilie unterrühren. Alles vorsichtig erhitzen, aber nicht aufkochen. Die Suppe in Schälchen schöpfen, mit Petersilie garnieren und sofort servieren.

# Minestrone

**Garzeit: 2 Std. 15 Min.** **Vorbereitung: 40–45 Min.** **Für 6 Personen**

*Von diesem italienischen Suppenklassiker gibt es so viele Variationen wie italienische Köche. Für Minestrone lässt sich beinahe jedes Saisongemüse verwenden, und wer Fleisch isst, kann noch etwas Pancetta oder durchwachsenen Speck untermischen.*

## NÄHRWERTANGABEN

| | |
|---|---|
| Kilokalorien | 225 |
| Eiweiß | 7 g |
| Kohlenhydrate | 28 g |
| Zucker | 8 g |
| Fett | 9 g |
| davon gesättigt | 3 g |

## ZUTATEN

**2 frische Basilikumzweige**
**2 frische Majoranzweige**
**2 frische Thymianzweige**
**2 EL Olivenöl**
**2 Zwiebeln, gehackt**
**2 Knoblauchzehen, gehackt**
**4 Tomaten, gehäutet und gewürfelt**
**125 ml Rotwein**
**1,7 l Gemüsebrühe (siehe Seite 13)**
**100 g weiße Bohnen, über Nacht in kaltem Wasser eingeweicht, dann abgetropft**
**2 Karotten, gewürfelt**
**2 Kartoffeln, gewürfelt**
**1 kleine Steckrübe, gewürfelt**
**1 Selleriestange, klein geschnitten**
**¼ Weißkohl, gehobelt**
**50 g getrocknete Stellette oder andere Suppennudeln**
**Salz und Pfeffer**
**2 EL frisch geriebener Parmesan, plus etwas mehr zum Servieren**

## Variation

Für eine Minestrone alla genovese verwendet man in Schritt 3 Pesto statt des geriebenen Parmesans.

1

2

3

## Tipp

Wer Fleisch isst, kann 2 Scheiben Pancetta (italienischen Schinken) gehackt und ohne Schwarte in Schritt 1 zugeben, er bereichert das Aroma der Suppe. Man erhält ihn in italienischen Feinkostgeschäften.

1 Basilikum, Majoran und Thymian hacken und bis zur Verwendung beiseite stellen. Das Öl in einem großen Topf erhitzen. Die Zwiebeln zugeben und unter gelegentlichem Rühren 5 Minuten weich dünsten. Den Knoblauch zufügen und weitere 3 Minuten garen. Tomaten und beiseite gestellte Kräuter unterrühren.

2 Den Wein zugießen und gut unterrühren. Alles 1–2 Minuten köcheln lassen. Dann Brühe und abgetropfte Bohnen zugeben und aufkochen. Die Hitze reduzieren, halb abdecken und 1½ Stunden köcheln lassen.

3 Karotten, Kartoffeln und Steckrübe zugeben, abdecken und 15 Minuten köcheln lassen. Sellerie, Kohl und Pasta zugeben, abdecken und weitere 10 Minuten köcheln lassen. Mit Salz und Pfeffer abschmecken und den Parmesan unterrühren. In vorgewärmte Schälchen schöpfen und mit etwas Parmesan bestreut servieren.

# Stilton-Suppe mit Walnüssen

**Für 4 Personen** | **Vorbereitung: 10 Min.** | **Garzeit: 30 Min.**

*Eine wunderbar cremige und aromatische Suppe, die ganz einfach und schnell zuzubereiten ist, ideal für Überraschungsgäste. Die Suppe ist reich an Eiweiß, und wenn sie zusammen mit Brot serviert wird, ergibt sie ein sättigendes Mahl.*

**ZUTATEN**

- **60 g Butter**
- **2 Schalotten, gehackt**
- **3 Selleriestangen, klein geschnitten**
- **1 Knoblauchzehe, zerdrückt**
- **2 EL Mehl**
- **600 ml Gemüsebrühe (siehe Seite 13)**
- **300 ml Milch**
- **150 g Stilton oder anderer Blauschimmelkäse, zerkrümelt, plus etwas mehr zum Garnieren**
- **2 EL Walnusshälften, grob gehackt**
- **150 g Naturjoghurt**
- **Salz und Pfeffer**
- **frisch gehackte Sellerieblätter, zum Garnieren**

| NÄHRWERTANGABEN | |
|---|---|
| Kilokalorien | 392 |
| Eiweiß | 15 g |
| Kohlenhydrate | 15 g |
| Zucker | 8 g |
| Fett | 30 g |
| davon gesättigt | 16 g |

### Variation

Anstelle von Sellerieblättern können Sie zum Garnieren auch gewürfelte Äpfel verwenden. Sie unterstreichen das Käsearoma besonders gut.

2

3

4

### Tipp

Nüsse liefern nicht nur wertvolle Eiweiße, Vitamine und Fette, sie geben vegetarischen Gerichten auch Aroma und Biss.

1 Die Butter in einem großen Topf bei mittlerer Hitze zerlassen. Schalotten, Sellerie und Knoblauch zugeben und unter gelegentlichem Rühren 2–3 Minuten andünsten.

2 Die Hitze reduzieren, das Mehl zugeben und unter ständigem Rühren 30 Sekunden anschwitzen. Langsam die Gemüsebrühe und die Milch einrühren und zum Kochen bringen.

3 Die Hitze reduzieren, den Stilton und die Walnüsse zugeben. Den Deckel auflegen und 20 Minuten köcheln lassen.

4 Den Joghurt einrühren und 2 Minuten nur erhitzen, aber nicht mehr kochen.

5 Die Suppe mit Salz und Pfeffer abschmecken. In einer vorgewärmten Terrine oder in Suppenschalen anrichten, mit Sellerieblättern und einigen Käsestückchen garnieren und sofort servieren.

# Tomaten-Basilikum-Suppe

**Für 6 Personen** **Vorbereitung: 20 Min.** **Garzeit: 30–35 Min.**

*Verwenden Sie nach Möglichkeit Eiertomaten für diese sommerliche Suppe, da sie nicht so wässrig sind wie die normalen – und sie sind auch aromatischer.*

**ZUTATEN**

**25 g Butter**
**1 EL Olivenöl**
**1 Zwiebel, fein gehackt**
**1 Knoblauchzehe, gehackt**
**1 kg Eiertomaten, gewürfelt**
**700 ml Gemüsebrühe (siehe Seite 13)**
**125 ml trockener Weißwein**
**2 EL Pesto rosso**
**Salz und Pfeffer**
**2 EL frische Basilikumblätter, zerkleinert**
**150 g Crème double**
**frische Basilikumblätter, zum Garnieren**

| NÄHRWERTANGABEN | |
|---|---|
| Kilokalorien | 234 |
| Eiweiß | 2 g |
| Kohlenhydrate | 8 g |
| Zucker | 6 g |
| Fett | 21 g |
| davon gesättigt | 11 g |

**Tipp**

Crème double gerinnt in der Regel nicht, in Kombination mit säurehaltigen Zutaten kann dies jedoch passieren. Daher sollte man die Suppe nach Zugabe der Crème double nicht aufkochen.

1 Die Butter mit dem Öl in einem großen Topf zerlassen. Die Zwiebel hineingeben und unter gelegentlichem Rühren 5 Minuten weich dünsten. Knoblauch, Tomaten, Brühe, Wein und Pesto rosso zugeben. Alles gut verrühren und nach Belieben mit Salz und Pfeffer abschmecken. Den Topf halb abdecken. 25 Minuten unter gelegentlichem Rühren köcheln lassen, bis die Zutaten zerfallen.

2 Den Topf vom Herd nehmen und etwas abkühlen lassen. Den Inhalt dann in die Küchenmaschine gießen, das Basilikum zugeben und alles pürieren. Die Mischung mit einem Holzlöffel durch ein Sieb in einen sauberen Topf streichen.

3 Die Crème double unterrühren, aber etwas davon zur abschließenden Verfeinerung zurückbehalten. Die Suppe wieder erhitzen, aber nicht aufkochen. In vorgewärmte Schälchen schöpfen, jeweils einen Löffel der zurückbehaltenen Crème double spiralförmig einrühren, mit den Basilikumblättern garnieren und servieren.

# Crécy-Suppe

**Garzeit: 45 Min.** **Vorbereitung: 20 Min.** **Für 4 Personen**

*Die beiden Städtchen Crécy-la-Chapelle und Crécy-en-Ponthieu beanspruchen beide, Herkunftsort dieser klassischen Suppe und einer Garnierung desselben Namens aus pürierten Karotten zu sein.*

| NÄHRWERTANGABEN | |
|---|---|
| Kilokalorien | 208 |
| Eiweiß | 1 g |
| Kohlenhydrate | 12 g |
| Zucker | 6 g |
| Fett | 18 g |
| davon gesättigt | 12 g |

## ZUTATEN

**200 g Karotten**

**80 g Butter**

**2 Schalotten, fein gehackt**

**1 Prise Zucker**

**Salz und Pfeffer**

**25 g Langkornreis**

**1 frischer Thymianzweig**

**700 ml Gemüsebrühe (siehe Seite 13)**

**knuspriges Brot, zum Servieren**

### GARNIERUNG

**1 EL frisch gehackte Petersilie**

**Croûtons (siehe Seite 20)**

1

1

3

**1** Die Karotten in Scheiben schneiden. 4 Esslöffel Butter in einem großen Topf zerlassen. Schalotten, Karotten, Zucker und 1 Prise Salz hineingeben, dann abdecken und bei sehr geringer Hitze unter gelegentlichem Rühren 10 Minuten dünsten. Reis und Thymian unterrühren und die Brühe zugießen. Aufkochen, dann die Hitze reduzieren und 30 Minuten köcheln lassen.

**2** Den Topf vom Herd nehmen und die Suppe etwas abkühlen lassen. Den Thymianzweig entfernen und wegwerfen. Die Suppe in die Küchenmaschine gießen und pürieren.

**3** Die Mischung wieder in einen sauberen Topf geben und vorsichtig erhitzen. Mit Salz und Pfeffer abschmecken und die restliche Butter in kleinen Stücken unterrühren. In vorgewärmte Suppenschälchen schöpfen, mit Petersilie und Croûtons garnieren und sofort servieren.

**Tipp**

Wer nicht streng vegetarisch isst und der Suppe eine zusätzliche Geschmacksnote verleihen möchte, kann die Gemüsebrühe auch durch Hühnerbrühe ersetzen.

# Borschtsch

**Garzeit: 1 Std. 15 Min.** **Vorbereitung: 30 Min.** **Für 6 Personen**

| NÄHRWERTANGABEN | |
|---|---|
| Kilokalorien | 169 |
| Eiweiß | 3 g |
| Kohlenhydrate | 13 g |
| Zucker | 12 g |
| Fett | 12 g |
| davon gesättigt | 8 g |

## Variation

Gehaltvoller wird die Suppe durch Zugabe von 2 gewürfelten Kartoffeln mit dem Kohl in Schritt 3, dann vor Zugabe der Rote Bete 10 Minuten länger garen.

*Antonin Carême, der Küchenchef von Zar Alexander I., soll diese traditionelle russische Rote-Bete-Suppe in Frankreich eingeführt haben. Unsere einfachere, leichtere Version seines recht komplizierten Rezepts eignet sich auch für Vegetarier. Ihre kräftige Farbe macht diese Suppe zur idealen Vorspeise für ein festliches Abendessen.*

### ZUTATEN

**1 Zwiebel, geschält**
**50 g Butter**
**350 g rohe Rote Bete, gestiftelt, und 1 rohe Rote Bete, geraspelt**
**1 Karotte, gestiftelt**
**3 Selleriestangen, klein geschnitten**
**2 Tomaten, gehäutet, entkernt und gewürfelt**
**1,5 l Gemüsebrühe (siehe Seite 13)**
**1 EL Weißweinessig**
**1 EL Zucker**
**2 große frische Dillzweige**
**Salz und Pfeffer**
**100 g Weißkohl, gehobelt**
**150 g saure Sahne, zum Garnieren**
**Roggenbrot, zum Servieren (nach Belieben)**

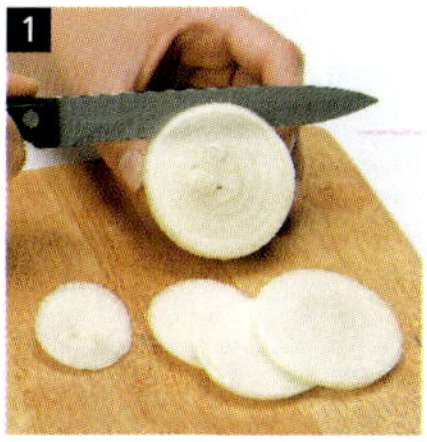

## Tipp

Es ist nicht unbedingt nötig, gegen Ende der Zubereitung noch einmal Rote Bete zuzugeben, doch dadurch erhält die Suppe ihre auffallende purpurrote Farbe und ein frischeres Aroma.

1 Die Zwiebel in Ringe schneiden. Die Butter in einem großen Topf zerlassen. Die Zwiebel hineingeben und bei geringer Hitze unter gelegentlichem Rühren 3–5 Minuten weich dünsten. Rote-Bete-Stifte, Karotte, Sellerie und Tomaten zugeben und unter häufigem Rühren 4–5 Minuten garen.

2 Brühe, Essig und Zucker zugeben und 1 Esslöffel Dill in den Topf schneiden. Mit Salz und Pfeffer abschmecken. Aufkochen, die Hitze reduzieren und 35–40 Minuten köcheln lassen, bis das Gemüse gar ist.

3 Den Kohl unterrühren, abdecken und 10 Minuten köcheln lassen. Die geraspelte Rote Bete samt Saft unterrühren und weitere 10 Minuten garen. In vorgewärmte Schälchen schöpfen. Mit einem Löffel saurer Sahne und einem weiteren Esslöffel klein geschnittenem Dill garnieren. Mit Roggenbrot servieren.

# Chinesische Gemüsesuppe

**Für 4 Personen** **Vorbereitung: 20 Min.** **Garzeit: 10 Min.**

*Diese köstlich-leichte Suppe könnte einen ausgefallenen ersten Gang bei einem festlichen Diner bilden – oder ein leichtes Mittagessen. Die asiatischen Zutaten verleihen dem Tofu ein besonderes Aroma. Diese Suppe ist auch für Veganer geeignet.*

## ZUTATEN

- 100 g Chinakohl
- 2 EL Erdnussöl
- 250 g marinierter Tofu, in 1-cm-Würfel geschnitten
- 2 Knoblauchzehen, klein geschnitten
- 4 Frühlingszwiebeln, diagonal in dünne Ringe geschnitten
- 1 Karotte, klein geschnitten
- 1 l Gemüsebrühe (siehe Seite 13)
- 1 EL chinesischer Reiswein
- 2 EL helle Sojasauce
- 1 TL Zucker
- Salz und Pfeffer

### NÄHRWERTANGABEN

| | |
|---|---|
| Kilokalorien | 117 |
| Eiweiß | 6 g |
| Kohlenhydrate | 5 g |
| Zucker | 3 g |
| Fett | 8 g |
| davon gesättigt | 1 g |

### Variation

Wenn Reiswein nicht erhältlich ist, kann man stattdessen trockenen Sherry verwenden. Anstelle des Chinakohls eignen sich auch feste Salatblätter.

1

1

2

### Tipp

Verwenden Sie zum Schneiden von Tofu immer ein sehr scharfes Messer, da er weich ist und leicht zerdrückt wird. Mit einem stumpfen Messer erhält man ungleichmäßige Würfel.

1 Den Chinakohl klein schneiden und beiseite legen. Das Erdnussöl in einem großen, vorgewärmten Wok oder einer Pfanne erhitzen. Die Tofuwürfel hineingeben und 4–5 Minuten unter Rühren anbräunen. Mit einem Schaumlöffel herausnehmen und auf Küchenpapier abtropfen lassen.

2 Knoblauch, Frühlingszwiebeln und Karotte in den Wok geben und 2 Minuten pfannenrühren. Brühe, chinesischen Reiswein und Sojasauce zugießen, dann Zucker und Chinakohl zugeben. Bei mittlerer Hitze 1–2 Minuten erhitzen.

3 Mit Salz und Pfeffer abschmecken und den Tofu zugeben. Die Suppe in vorgewärmte Schälchen schöpfen und servieren.

# Gazpacho

**Für 6 Personen**

**Vorbereitung: 30 Min., plus 4–8 Std. Kühlzeit**

**Garzeit: 0 Min.**

*Diese weltberühmte gekühlte Gemüsesuppe aus Andalusien ist ideal für ein Essen im Freien – nicht zuletzt, weil sie so leicht zuzubereiten ist (tatsächlich ist das eine Suppe, die nicht gekocht wird). Die Suppe ist auch für Veganer eine Köstlichkeit.*

## ZUTATEN

**250 g frisches Weißbrot**
**1 Salatgurke**
**3 Knoblauchzehen, gehackt**
**700 g Tomaten, gehäutet und gewürfelt**
**2 rote Paprika, entkernt und gewürfelt**
**5 EL natives Olivenöl extra**
**5 EL Weißweinessig**
**Salz und Pfeffer**
**850 ml Wasser**
**Eiswürfel, zum Servieren**

**GARNIERUNG**

**Croûtons (siehe Seite 20)**
**Frühlingszwiebeln, fein geschnitten**
**Salatgurke, geschält und gewürfelt**
**gelbe Paprika, gewürfelt**
**schwarze Oliven, entsteint**

### NÄHRWERTANGABEN

| | |
|---|---|
| Kilokalorien | 207 |
| Eiweiß | 5 g |
| Kohlenhydrate | 25 g |
| Zucker | 7 g |
| Fett | 10 g |
| davon gesättigt | 2 g |

### Variation

Sie können die Zutatenliste variieren – je nachdem, welches Gemüse erhältlich ist. Probieren Sie z. B. rote Zwiebeln, Frühlingszwiebeln, Sellerie oder Avocados.

### Tipp

Wenn die Suppe nach der Kühlzeit (Schritt 3) zu dickflüssig ist, können Sie sie mit etwas Wasser verdünnen.

1 Das Brot mit der Reibe zu Krumen verarbeiten. Die Salatgurke schälen, entkernen und sehr fein würfeln. Beides zusammen mit Knoblauch, Tomaten, Paprika, Öl und Essig in eine Schüssel geben. Nach Belieben mit Salz und Pfeffer abschmecken und mischen.

2 Die Gemüsemischung portionsweise in die Küchenmaschine geben, jedes Mal ein wenig von dem Wasser zugeben und alles zu einem glatten Püree verarbeiten. Die Mischung danach wieder in eine Schüssel füllen.

3 Mit Frischhaltefolie abdecken und 4–8 Stunden in den Kühlschrank stellen. Zum Servieren die Eiswürfel zugeben. Die Garnierungen in einzelnen Schälchen bereitstellen, damit sich die Gäste selbst bedienen können.

# Vichyssoise

**Für 6 Personen** | **Vorbereitung: 40 Min., plus 4–8 Std. Kühlzeit** | **Garzeit: 35 Min.**

*Diese berühmte kalte Porree-Kartoffel-Suppe wurde von einem französischen Chefkoch kreiert, allerdings in New York. Man kann sie als gehaltvolle Vorspeise oder als Mittagessen servieren.*

## ZUTATEN

**450 g Porree (nur die weißen Teile)**
**450 g Kartoffeln**
**50 g Butter**
**1,2 l Wasser**
**Salz und Pfeffer**
**600 ml Milch**
**300 g saure Sahne**

### GARNIERUNG

**saure Sahne**
**2 EL Schnittlauchröllchen**

| NÄHRWERTANGABEN | |
|---|---|
| Kilokalorien | 310 |
| Eiweiß | 8 g |
| Kohlenhydrate | 22 g |
| Zucker | 9 g |
| Fett | 22 g |
| davon gesättigt | 14 g |

**Tipp**

Für die nichtvegetarische, traditionelle Version dieser Suppe verwendet man anstelle des Wassers Hühnerbrühe.

1 Den Porree in Ringe schneiden und die Kartoffeln würfeln. Die Butter in einem großen Topf zerlassen. Den Porree hineingeben, den Topf abdecken und bei geringer Hitze unter gelegentlichem Rühren 10 Minuten dünsten.

2 Die Kartoffeln unterrühren und bei mittlerer Hitze und häufigem Rühren 2 Minuten andünsten.

3 Das Wasser und 1 Prise Salz zugeben. Aufkochen, die Hitze reduzieren und 15–20 Minuten köcheln lassen, bis die Kartoffeln gar sind. Den Topf vom Herd nehmen und etwas abkühlen lassen. Den Inhalt in die Küchenmaschine füllen und zu glattem Püree verarbeiten. Die Mischung mit einem Holzlöffel durch ein Sieb in einen sauberen Topf streichen. Die Milch unterrühren. Mit Salz und Pfeffer abschmecken und die Hälfte der sauren Sahne unterrühren.

4 Die Suppe wieder erhitzen, dann in eine Schüssel seihen. Die restliche saure Sahne einrühren, mit Frischhaltefolie abdecken und abkühlen lassen. 4–8 Stunden in den Kühlschrank stellen. Mit saurer Sahne und Schnittlauch garniert in gekühlten Schälchen servieren.

# Frijoles

**Garzeit: 2 Std.** **Vorbereitung: 15 Min.** **Für 6 Personen**

*In der mexikanischen Küche spielen Bohnen eine wichtige Rolle, außerdem sind sie gesund, da sie reich an löslichen Ballaststoffen sind. Dieses Gericht ist auch für Veganer geeignet.*

| NÄHRWERTANGABEN | |
|---|---|
| Kilokalorien | 213 |
| Eiweiß | 14 g |
| Kohlenhydrate | 31 g |
| Zucker | 5 g |
| Fett | 5 g |
| davon gesättigt | 1 g |

**ZUTATEN**

**2 frische grüne Chillies**
**350 g getrocknete rote Kidneybohnen, 3 Stunden in kaltem Wasser eingeweicht**
**2 Zwiebeln, gehackt**
**2 Knoblauchzehen, gehackt**
**1 Lorbeerblatt**
**2 EL Sonnenblumen- oder Maiskeimöl**
**Salz**
**2 Tomaten, gehäutet, entkernt und gewürfelt**

1

2

3

**Tipp**

Einige getrocknete Hülsenfrüchte – darunter Kidneybohnen – enthalten ein Gift, das beim Kochen zerstört wird. Sie müssen daher zunächst 15 Minuten in sprudelnd kochendem Wasser gegart werden.

1 Die Chillies hacken. Die Bohnen abtropfen lassen und in einen Topf geben. So viel Wasser zugeben, dass sie 2,5 cm hoch damit bedeckt sind. Die Hälfte der Zwiebeln und des Knoblauchs, die Chillies und das Lorbeerblatt zugeben. Aufkochen und 15 Minuten sprudelnd kochen, dann die Hitze reduzieren und 30 Minuten köcheln lassen. Falls die Mischung zu trocken wird, noch etwas kochendes Wasser zugeben.

2 1 Esslöffel Öl zugeben und weitere 30 Minuten köcheln lassen, dabei nach Bedarf noch kochendes Wasser zugeben. Nach Belieben salzen und weitere 30 Minuten köcheln lassen, jedoch ohne noch mehr Wasser zuzugeben.

3 Inzwischen das restliche Öl in einer Pfanne erhitzen. Den Rest der Zwiebeln und des Knoblauchs hineingeben und unter gelegentlichem Rühren 5 Minuten weich dünsten. Die gewürfelten Tomaten unterrühren und weitere 5 Minuten garen. 3 Esslöffel der gekochten Bohnen in die Tomatenmischung geben. Diese gründlich zu einer Paste zerdrücken und unter die Bohnen rühren. Vorsichtig erhitzen und dann servieren.

# Gefüllte Champignons

**Garzeit: 40 Min.** **Vorbereitung: 20 Min.** **Für 4 Personen**

| NÄHRWERTANGABEN | |
|---|---|
| Kilokalorien | 105 |
| Eiweiß | 5 g |
| Kohlenhydrate | 2 g |
| Zucker | 1 g |
| Fett | 8 g |
| davon gesättigt | 2 g |

### Variation

Wer Fleisch isst, kann den Spinat durch 50 g gehackten und gebratenen Speck, 50 g frische Semmelbrösel und 50 g gemahlene Mandeln ersetzen.

*Champignonhüte, gefüllt mit einer Spinat-Käse-Mischung, sind eine köstliche Vorspeise. Spinat ist reich an Folsäure und Vitamin C, und die Pilze haben einen hohen Eisen-, Kalium- und Vitamin B-Gehalt.*

### ZUTATEN

- **50 g Feta**
- **12 große Champignons**
- **3 EL trockener Weißwein**
- **3 EL Wasser**
- **1 Schalotte, gehackt**
- **1 frischer Thymianzweig, fein gehackt**
- **2 TL Zitronensaft**
- **25 g Butter**
- **Salz und Pfeffer**
- **2 TL Olivenöl**
- **1 Knoblauchzehe, fein gehackt**
- **175 g frischer Spinat, harte Stängel entfernt, gehackt**

### Tipp

Pilze müssen nicht geschält werden, es sei denn, ihre Haut ist ledrig oder verfärbt. Wischen Sie die Pilze nur sorgfältig mit feuchtem Küchenpapier ab.

**1** Den Ofen auf 180 °C vorheizen. Den Feta zerkrümeln und beiseite stellen. Die Stiele der Pilze von den Hüten trennen und fein hacken.

**2** Wein und Wasser in einen breiten Topf geben. Die Hälfte der Schalotte und des Thymians zugeben. Aufkochen und 2 Minuten köcheln lassen. Die Pilzhüte mit der glatten Seite nach unten hineinlegen und mit dem Zitronensaft beträufeln. Abdecken und 6 Minuten köcheln lassen, dann die Pilzhüte herausnehmen und auf einem Teller abtropfen lassen. Den Sud erneut aufkochen, Pilzstiele und Butter hineingeben und salzen. Ca. 6 Minuten kochen, bis die Flüssigkeit verdampft ist. Die Pilzstiele in eine Schüssel geben.

**3** Das Olivenöl in einem sauberen Topf erhitzen. Den Rest der Schalotte, Knoblauch und Spinat hineingeben und mit etwas Salz bestreuen. Bei mittlerer Hitze unter Rühren 3 Minuten garen, bis die gesamte Flüssigkeit verdampft ist. Die Spinatmischung mit den Pilzstielen verrühren. Nach Belieben pfeffern und dann den Feta unterrühren.

**4** Die Mischung auf die Pilzhüte verteilen. Diese in einer Lage in eine Auflaufform legen und 15–20 Minuten im Ofen goldbraun backen. Warm servieren.

# Antipasti

**Für 4 Personen** **Vorbereitung: 25 Min., plus 24 Std. Marinierzeit** **Garzeit: 25 Min.**

*Auf italienische Art marinierte Gemüsesorten werden am besten zu einem Essen im Freien an einem warmen Sommerabend gereicht. Diese Antipasti eignen sich auch für Veganer.*

### NÄHRWERTANGABEN

| | |
|---|---|
| Kilokalorien | 1144 |
| Eiweiß | 5 g |
| Kohlenhydrate | 12 g |
| Zucker | 11 g |
| Fett | 116 g |
| davon gesättigt | 16 g |

### ZUTATEN

**450 g große Champignons**
**5 Knoblauchzehen, geschält**
**ca. 600 ml natives Olivenöl extra**
**1 EL frisch gehackter Rosmarin**
**225 ml trockener Weißwein**
**Salz und Pfeffer**
**3 rote Paprika**
**3 orangefarbene Paprika**
**4 EL frische Basilikumblätter**
**1 Prise Chilipulver**
**abgeriebene Schale von 1 Zitrone**
**225 g schwarze Oliven**
**2 EL frisch gehackte Petersilie**

### Variation

Um aus diesem Gericht eine richtige Mahlzeit zu machen, kann man noch Artischockenherzen, Rohkost und einige Dips reichen.

1

2

2

### Tipp

Planen Sie die Zubereitung der Antipasti einen Tag im Voraus. Auf diese Weise können Sie die Schalen über Nacht zum Marinieren in den Kühlschrank stellen. 1 Stunde vor dem Servieren herausnehmen.

1 Die Champignons putzen und klein schneiden. 1 Knoblauchzehe hacken. 4 Esslöffel Öl in einem kleinen Topf erhitzen. Gehackten Knoblauch und Rosmarin zugeben, Wein zugießen und aufkochen. Die Hitze reduzieren, 3 Minuten köcheln lassen und abschmecken. Die Pilze in eine Schale geben und mit der Weinmischung übergießen. Unter Rühren abkühlen lassen, dann mit Frischhaltefolie abdecken und 8 Stunden zum Marinieren kalt stellen.

2 Inzwischen die Paprika unter dem vorgeheizten Grill unter häufigem Wenden grillen, bis sich ihre Haut schwärzt. In eine Schüssel legen, abdecken und abkühlen lassen, dann enthäuten, halbieren, entkernen, in Streifen schneiden und in eine saubere Schale geben. Den restlichen Knoblauch klein schneiden und mit dem Basilikum zugeben. Salzen, so viel Öl zugeben, dass die Mischung damit bedeckt ist, und leicht vermengen. Mit Frischhaltefolie abdecken und 8 Stunden zum Marinieren in den Kühlschrank stellen.

3 125 ml Öl in einem Topf erhitzen. Chilipulver und Zitronenschale hineingeben und unter Rühren bei geringer Hitze 2 Minuten andünsten. Die Oliven zugeben und 1 Minute dünsten. In eine saubere Schale geben, mit der Petersilie bestreuen und abkühlen lassen. Abdecken und 8 Stunden zum Marinieren in den Kühlschrank stellen.

# Champignonhäppchen mit Aïoli

**Für 4 Personen** **Vorbereitung: 25 Min.** **Garzeit: 15 Min.**

*Diese knusprigen, köstlichen Cocktailhäppchen ergeben einen köstlichen, warmen Partysnack. Sie sind einfach zuzubereiten, und die Aïoli kann man auch als Dip für rohes Gemüse servieren.*

**ZUTATEN**

**100 g frisches Weißbrot**

**2 EL frisch geriebener Parmesan**

**1 TL Paprikapulver**

**2 Eiweiß**

**250 g kleine Champignons, geputzt**

**AÏOLI**

**4 Knoblauchzehen, zerdrückt**

**Salz und Pfeffer**

**2 Eigelb**

**225 ml natives Olivenöl extra**

| NÄHRWERTANGABEN | |
|---|---|
| Kilokalorien | 504 |
| Eiweiß | 8 g |
| Kohlenhydrate | 15 g |
| Zucker | 1 g |
| Fett | 46 g |
| davon gesättigt | 8 g |

**1** Den Ofen auf 190 °C vorheizen. Für die Aïoli den Knoblauch mit 1 Prise Salz in eine Schüssel geben und mit einem Löffelrücken zerdrücken. Die Eigelb zugeben und alles 30 Sekunden mit dem elektrischen Handrührgerät cremig schlagen. Das Öl zunächst tropfenweise zugeben, wenn die Mischung einzudicken beginnt, das Öl unter ständigem Schlagen gleichmäßig zugeben. Nach Belieben mit Salz und Pfeffer abschmecken. Die Schüssel mit Frischhaltefolie abdecken und bis zum Gebrauch in den Kühlschrank stellen.

**2** Ein großes Backblech mit Backpapier auslegen. Das Brot mit der Reibe zu Krumen verarbeiten und diese mit Parmesan und Paprikapulver in eine Schüssel geben. Das Eiweiß in einer anderen, sauberen Schüssel leicht schlagen. Jeden Pilz nun zuerst in das Eiweiß tauchen und dann in den Brotkrumen wenden. Auf das vorbereitete Backblech legen.

**3** Im Ofen 15 Minuten backen, bis die Panade knusprig ist. Sofort mit der Aïoli servieren.

### Variation

Für einen Kräuter-Sahne-Dip 4 Esslöffel gehackte Kräuter mit 200 g saurer Sahne, 1 gehackten Knoblauchzehe und Zitronensaft mischen und abschmecken.

# Hummus mit Rohkost

**Garzeit: 0 Min.** **Vorbereitung: 20 Min.** **Für 4 Personen**

*Die Zubereitung dieser Hummuspaste könnte nicht einfacher sein – und schmeckt besser als alle im Handel erhältlichen Marken. Auch Veganer lieben diesen Dip.*

| NÄHRWERTANGABEN | |
|---|---|
| Kilokalorien | 311 |
| Eiweiß | 11 g |
| Kohlenhydrate | 16 g |
| Zucker | 8 g |
| Fett | 23 g |
| davon gesättigt | 3 g |

**ZUTATEN**

**175 g Kichererbsen aus der Dose**
**125 ml Tahini**
**2 Knoblauchzehen, geschält**
**125 ml Zitronensaft**
**Salz**
**2–3 EL Wasser**
**1 EL Olivenöl**
**1 EL frisch gehackte Petersilie**
**1 Prise Cayennepfeffer**

**ROHKOST**

**Auswahl an Gemüse, z. B. Karotten, Blumenkohl und Sellerie**

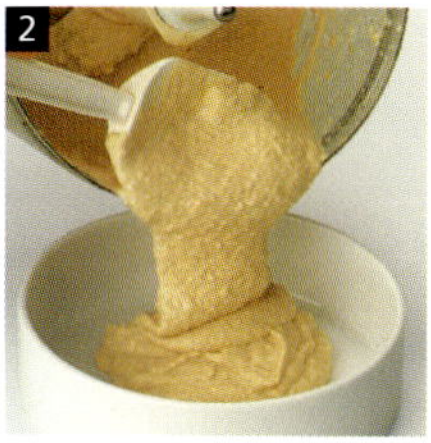

1 Die Kichererbsen abtropfen lassen, abspülen und zusammen mit Tahini, Knoblauch und Zitronensaft in die Küchenmaschine geben. Nach Belieben salzen. Das Wasser nach und nach zugeben, während alles zu einer glatten, cremigen Masse verarbeitet wird.

2 Das Kichererbsenpüree in eine Servierschüssel füllen und eine Mulde in die Mitte drücken. Das Olivenöl in die Mulde geben. Mit Petersilie und Cayennepfeffer bestreuen.

3 Das rohe Gemüse in mundgerechte Stücke schneiden und auf einer großen Servierplatte anrichten. Mit dem Hummus servieren.

**Tipp**

Wer keine Küchenmaschine besitzt, kann die Zutaten einfach in einer Schüssel kräftig zerdrücken, bis sich eine glatte Masse ergibt. Dabei so viel Wasser zugeben, bis die gewünschte Konsistenz erreicht ist.

# Tofu-Tempura

**Für 4 Personen** **Vorbereitung: 15 Min.** **Garzeit: 20 Min.**

*Gemüse und Tofu im knusprigen Teigmantel mit einem süßen, pikanten Dip verleihen diesem Gericht das Aroma der japanischen Küche. Tofu, der aus Sojabohnen hergestellt wird, ist reich an Eiweiß und Kalzium.*

## ZUTATEN

**125 g Babyzucchini**
**125 g junge Karotten**
**125 g Babymaiskolben**
**125 g kleine Porreestangen**
**2 Babyauberginen**
**225 g Tofu**
**Öl, zum Frittieren**
**Karotte, Ingwerwurzel und kleine Porreestange, in Julienne geschnitten, zum Garnieren**
**gekochte Nudeln, zum Servieren**

TEIG

**2 Eigelb**
**300 ml Wasser**
**225 g Mehl**
**Salz**

DIP

**5 EL Mirin**
**5 EL japanische Sojasauce**
**2 TL flüssiger Honig**
**1 Knoblauchzehe, zerdrückt**
**1 TL frisch geriebener Ingwer**

### NÄHRWERTANGABEN

| | |
|---|---|
| Kilokalorien | 582 |
| Eiweiß | 16 g |
| Kohlenhydrate | 65 g |
| Zucker | 10 g |
| Fett | 27 g |
| davon gesättigt | 4 g |

### Variation

Statt Mirin trockenen Sherry verwenden. Auch andere Gemüsesorten wie Brokkoli und Blumenkohl sind sehr gut geeignet für Tempura.

1

3

4

### Tipp

Der Tofu und das Gemüse sind nach dem Frittieren zu heiß, um es sofort zu servieren. Bereiten Sie den Dip erst nach dem Frittieren vor. So können der Tofu und das Gemüse etwas abkühlen.

1 Zucchini und Karotten der Länge nach halbieren. Maiskolben und Porree putzen. Auberginen vierteln. Den Tofu in 2,5 cm große Würfel schneiden.

2 Für den Teig das Eigelb mit dem Wasser verquirlen. 175 g Mehl und eine Prise Salz hineinsieben und mit einem Schneebesen zu einem dickflüssigen Teig verrühren. Das Öl zum Frittieren auf 180 °C erhitzen, bis darin ein Brotwürfel in 30 Sekunden bräunt.

3 Das restliche Mehl auf einem großen Teller verteilen und das Gemüse und den Tofu darin wenden, bis alles leicht vom Mehl überzogen ist.

4 Den Tofu in den Teig tauchen und 2–3 Minuten frittieren, bis er goldbraun ist. Auf Küchenpapier abtropfen lassen und warm halten. Die Gemüsestücke nacheinander in den Teig tauchen und 3–4 Minuten goldbraun frittieren. Abtropfen lassen und auf einem vorgewärmten Servierteller anrichten.

5 Für den Dip alle Zutaten verrühren. Das Gemüse und den Tofu mit feinen Gemüsestreifen garnieren und zusammen mit dem Dip und gekochten Nudeln servieren.

# Feurige Salsa

**Garzeit: 0 Min.** **Vorbereitung: 30 Min.** **Für 4 Personen**

| NÄHRWERTANGABEN | |
|---|---|
| Kilokalorien | 328 |
| Eiweiß | 4 g |
| Kohlenhydrate | 21 g |
| Zucker | 2 g |
| Fett | 26 g |
| davon gesättigt | 5 g |

### Variation

Die Salsa mit getoastetem, in Streifen geschnittenem Fladenbrot servieren und dazu rohes, gestifteltes Gemüse, wie Karotten und Gurke, reichen.

*Diese Salsa ist auch für verwöhnte Gaumen ein Hochgenuss. Für eine mildere Variante des Gerichts sollten Sie nur eine frische Chili verwenden. Servieren Sie die Salsa stilecht mit warmen Tortilla-Chips.*

### ZUTATEN

**2 kleine frische rote Chillies**
**1 EL Limetten- oder Zitronensaft**
**2 große reife Avocados**
**5-cm-Stück Salatgurke**
**2 Tomaten, gehäutet**
**1 kleine Knoblauchzehe, zerdrückt**
**einige Spritzer Tabasco**
**Salz und Pfeffer**
**Limetten- oder Zitronenspalten, zum Garnieren**
**warme Tortilla-Chips, zum Servieren**

1

3

5

### Tipp

Die Avocados sollten reif sein. Unreife Früchte sind zu hart und lassen sich nur schlecht zerdrücken. Limetten- oder Zitronensaft verhindert, dass sich die Avocado braun färbt, doch nicht zu lange stehen lassen.

1 Aus einer Chili eine so genannte Chiliblüte für die Garnierung herstellen. Dazu die Chili mit einem kleinen scharfen Messer vom Stängel bis zur Spitze einige Male einschneiden, ohne den Stiel zu entfernen. Dann in eine Schüssel mit Eiswasser legen, damit sich die „Blütenblätter" öffnen.

2 Von der zweiten Chili Stiel und Kerne entfernen. Die Chili sehr fein hacken und in eine große Schüssel geben.

3 Zitronen- oder Limettensaft in die Schüssel geben. Avocados halbieren, entkernen und schälen. Fruchtfleisch in die Schüssel geben und mit einer Gabel zerdrücken. Die Salsa sollte leicht klumpig sein.

4 Salatgurke und Tomaten fein hacken und mit dem zerdrückten Knoblauch zur Avocadomischung geben.

5 Tabasco einrühren und alles mit Salz und Pfeffer abschmecken. Den Dip in eine Servierschale füllen. Mit Limetten- oder Zitronenspalten und Chiliblüte garnieren.

6 Die Servierschale mit dem Dip auf eine große Platte stellen und zusammen mit den warmen Tortilla-Chips sofort servieren.

# Gefüllte Weinblätter

**Für 6 Personen** **Vorbereitung: 30 Min.** **Garzeit: 45 Min.**

*Diese kleinen Päckchen mit ihrer aromatischen Reisfüllung sind eine ausgezeichnete Vorspeise für ein sommerliches Essen. Servieren Sie die mediterranen Häppchen warm, wie man es in Griechenland tut. Auch Veganer können sie bedenkenlos genießen.*

**ZUTATEN**

- 1 Bund frische Minze
- 1 Bund frische Petersilie
- 250 g frische Weinblätter
- 4 Frühlingszwiebeln, fein gehackt
- 2 Schalotten, fein gehackt
- 25 g Mandelblättchen, geröstet
- fein abgeriebene Schale von 1 Zitrone
- 200 g Langkornreis
- 125 ml Olivenöl
- Salz
- 300 ml kochende Gemüsebrühe
- (siehe Seite 13)
- Zitronenzesten, zum Garnieren

**DRESSING**

- 125 ml natives Olivenöl extra
- Salz und Pfeffer
- 3 EL Zitronensaft
- 1 EL frisch gehackte Minze

**NÄHRWERTANGABEN**

| | |
|---|---|
| Kilokalorien | 407 |
| Eiweiß | 5 g |
| Kohlenhydrate | 27 g |
| Zucker | 1 g |
| Fett | 32 g |
| davon gesättigt | 4 g |

**Variation**

Wenn frische Weinblätter nicht erhältlich sind, kann man eingelegte verwenden. Diese müssen nur gut abgespült und trockengetupft werden.

**Tipp**

Für dieses Gericht sollte man unbedingt Langkornreis verwenden, damit die Füllung nicht zu klebrig und damit schwer zu verarbeiten ist. Der Reis sollte beim Garen körnig bleiben.

**1** 6 Esslöffel frische Minze und Petersilie hacken. Die Weinblätter 5 Minuten in kochendem Wasser blanchieren, dann unter fließend kaltem Wasser abspülen und trockentupfen. Die Stiele abschneiden.

**2** Frühlingszwiebeln, Schalotten, Mandeln, Petersilie, Minze, Zitronenschale und Reis in einer Schüssel vermengen und die Hälfte des Öls zugeben. Abschmecken. Ein Weinblatt auf der Arbeitsfläche ausbreiten und einen Löffel der Füllung in Nähe des Stielansatzes setzen. Diesen über die Füllung klappen, die Seiten einschlagen und das Blatt zu einem Päckchen zusammenrollen. Mit den übrigen Blättern ebenso verfahren.

**3** Den Boden eines großen Topfes mit übrig gebliebenen Weinblättern auslegen und die Päckchen in einer Lage darauf anordnen. Mit dem restlichen Öl beträufeln und die Brühe zugießen. Einen Teller auf die Weinblätter legen, damit sie nicht an die Oberfläche aufsteigen. Den Topf abdecken und 45 Minuten köcheln lassen. Für das Dressing das Öl in eine kleine Schüssel geben und mit Salz und Pfeffer abschmecken. Den Zitronensaft unterrühren und die Minze einrühren. Die Weinblätter in eine Servierschale geben, mit Zitronenzesten garnieren und warm oder kalt mit dem Dressing servieren.

# Sellerie in Remoulade

**Für 4 Personen** **Vorbereitung: 10 Min.** **Garzeit: 0 Min.**

*Knollensellerie mit Remouladensauce – einer Mayonnaise mit Senfgeschmack – ist ein klassisches französisches Gericht, das man am besten als Vorspeise oder Beilage zum Hauptgericht serviert.*

**ZUTATEN**

**225 ml Mayonnaise (siehe Seite 13)**
**2 TL Zitronensaft**
**1 EL Dijon-Senf**
**Salz und Pfeffer**
**225 g Knollensellerie**
**1 Schalotte**
**6 Kopfsalatblätter**
**Schnittlauchröllchen, zum Garnieren**

| NÄHRWERTANGABEN | |
|---|---|
| Kilokalorien | 236 |
| Eiweiß | 3 g |
| Kohlenhydrate | 4 g |
| Zucker | 3 g |
| Fett | 24 g |
| davon gesättigt | 3 g |

**Tipp**

Eventuell muss man den Sellerie in große Stücke schneiden, damit er sich leichter reiben lässt. Reiben Sie ihn nicht im Voraus, da er sich an der Luft schnell verfärbt.

1. Mayonnaise, Zitronensaft und Senf in einer großen Schüssel mischen und nach Belieben mit Salz und Pfeffer abschmecken. Den Sellerie schälen und in die Mischung reiben.

2. Die Schalotte reiben und unterrühren. Darauf achten, dass der Sellerie gut mit dem Dressing vermengt ist.

3. Eine Salatschüssel mit den Salatblättern auslegen und die Selleriemischung in die Mitte löffeln. Mit dem Schnittlauch bestreuen und servieren.

# Imam bayildi

**Garzeit: 45 Min.**

**Vorbereitung: 45 Min., plus 1 Std. 30 Min. Kühlzeit**

**Für 4 Personen**

*Dieses Gericht bedeutet „Der Imam fiel in Ohnmacht", da ein islamischer Geistlicher einst beim Genuss vor Verzückung ohnmächtig wurde. Auch Veganer lassen sich von dieser Spezialität hinreißen.*

| NÄHRWERTANGABEN | |
|---|---|
| Kilokalorien | 207 |
| Eiweiß | 3 g |
| Kohlenhydrate | 23 g |
| Zucker | 21 g |
| Fett | 12 g |
| davon gesättigt | 2 g |

**ZUTATEN**

**2 Auberginen**

**Salz und Pfeffer**

**4 EL Olivenöl**

**2 Zwiebeln, in dünnen Ringen**

**2 Knoblauchzehen, fein gehackt**

**1 grüne Paprika, entkernt und in Streifen**

**400 g gehackte Tomaten aus der Dose**

**3 EL Zucker**

**1 TL gemahlener Koriander**

**2 EL frisch gehackter Koriander**

1

1

3

**Tipp**

Auch gesalzene Auberginen neigen dazu, viel Öl aufzusaugen. Daher muss man vor der Zubereitung der Zwiebeln in Schritt 2 eventuell noch etwas Öl zugeben.

1 Den Ofen auf 190 °C vorheizen. Die Auberginen längs halbieren und ihr Fleisch 4- oder 5-mal einschneiden. Großzügig mit Salz bestreuen, in ein Sieb legen und 30 Minuten beiseite stellen; abspülen und trockentupfen.

2 Das Öl in einer großen Pfanne erhitzen. Die Auberginen mit der Schnittfläche nach unten hineingeben und 5 Minuten braten. Auf Küchenpapier gut abtropfen lassen und in eine Auflaufform geben. Zwiebeln, Knoblauch und grüne Paprika in die Pfanne geben und unter gelegentlichem Rühren 10 Minuten garen. Tomaten, Zucker und gemahlenen Koriander zugeben und mit Salz und Pfeffer abschmecken. Den frischen Koriander unterrühren.

3 Die Zwiebel-Tomaten-Mischung auf die Auberginenhälften löffeln. Abdecken und 30 Minuten im Ofen backen. Aus dem Ofen nehmen und abkühlen lassen. Vor dem Servieren 1 Stunde in den Kühlschrank stellen.

# Pakoras

**Garzeit: 15 Min.** **Vorbereitung: 10 Min.** **Für 6 Personen**

| NÄHRWERTANGABEN | |
|---|---|
| Kilokalorien | 196 |
| Eiweiß | 10 g |
| Kohlenhydrate | 22 g |
| Zucker | 1 g |
| Fett | 8 g |
| davon gesättigt | 1 g |

### Variation

Sie können zu diesen indischen Küchlein auch ein handelsübliches Mango-Chutney reichen, um ein etwas süßeres Gericht zu erhalten.

*Diese aromatischen indischen Küchlein können mit vielen verschiedenen Gemüsesorten zubereitet werden. Auberginen sind jedoch am beliebtesten, da sie sehr saftig sind.*

## ZUTATEN

- **2 kleine Auberginen**
- **250 g Kichererbsenmehl**
- **1 TL gemahlener Kreuzkümmel**
- **1 TL gemahlener Koriander**
- **1 TL Paprikapulver**
- **Salz**
- **½ TL getrockneter Thymian**
- **1 TL Schwarzkümmel**
- **250 ml lauwarmes Wasser**
- **Erdnuss- oder Sonnenblumenöl, zum Frittieren**

**TOMATEN-CHUTNEY**

- **1 rote Paprika, entkernt und gewürfelt**
- **4 Tomaten, gewürfelt**
- **2 frische grüne Chillies, entkernt**
- **1 Knoblauchzehe, gehackt**
- **3 EL Tomatenmark**
- **1 EL frisch gehackter Koriander**
- **1 TL Chilipulver**
- **1 Prise Salz**
- **1 Prise Zucker**

### Tipp

Kichererbsenmehl ist in asiatischen Lebensmittelgeschäften erhältlich. Inzwischen findet man es aber auch im Sortiment einiger großer Supermärkte.

1. Für das Tomaten-Chutney alle Zutaten in eine Küchenmaschine geben und zu einer recht glatten Mischung verarbeiten. Diese in eine Schüssel geben und in den Kühlschrank stellen.

2. Die Auberginen putzen, in dicke Scheiben schneiden und beiseite legen. Mehl, Kreuzkümmel, Koriander, Paprikapulver und 1 Prise Salz in eine große Schüssel geben. Thymian und Schwarzkümmel unterrühren. Nach und nach das lauwarme Waser zugeben und alles zu einem glatten Teig verarbeiten.

3. Das Öl in einer Fritteuse oder einem großen Topf auf 180–190 °C erhitzen bzw. so lange, bis 1 Teelöffel Teig sofort an die Oberfläche steigt.

4. Die Auberginenscheiben portionsweise in den Teig tauchen und in das Öl geben. 3–4 Minuten goldbraun frittieren. Mit einem Schaumlöffel herausnehmen, auf Küchenpapier abtropfen lassen und warm halten. Heiß mit Tomaten-Chutney servieren.

# Caponata

**Für 4 Personen** **Vorbereitung: 10 Min.** **Garzeit: 25 Min.**

*Die Zubereitung dieser sizilianischen Spezialität variiert je nach Gegend ein wenig, aber Auberginen, Zwiebeln, Sellerie, Tomaten und Kapern gehören immer dazu. Üblicherweise wird das Gericht, das auch für Veganer geeignet ist, zimmerwarm serviert.*

**ZUTATEN**

- 4 EL Olivenöl
- 1 Zwiebel, in Ringen
- 2 Selleriestangen, klein geschnitten
- 1 Aubergine, gewürfelt
- 5 Eiertomaten, gewürfelt
- 1 Knoblauchzehe, fein gehackt
- 3 EL Rotweinessig
- 1 EL Zucker
- 12 schwarze Oliven, entsteint
- 2 EL Kapern
- Salz
- 3 EL frisch gehackte glatte Petersilie, zum Garnieren

| NÄHRWERTANGABEN | |
|---|---|
| Kilokalorien | 178 |
| Eiweiß | 2 g |
| Kohlenhydrate | 12 g |
| Zucker | 11 g |
| Fett | 14 g |
| davon gesättigt | 2 g |

**Variation**

Wenn Sie nicht für Vegetarier kochen, geben Sie 4 Sardellenfilets mit den Kapern zu. Diese vor Verwendung zum Entsalzen 5 Minuten in Milch legen.

**Tipp**

Caponata schmeckt am besten, wenn man sie etwas im Voraus zubereitet, damit die kräftigen Aromen viel Zeit haben, um sich vor dem Servieren zu entfalten.

1 2 Esslöffel des Olivenöls in einer großen Pfanne erhitzen. Zwiebel und Sellerie hineingeben und bei geringer Hitze unter häufigem Rühren 5 Minuten weich dünsten. Das restliche Öl und die Aubergine zugeben und unter Rühren 10 Minuten garen.

2 Tomaten, Knoblauch, Essig und Zucker unterrühren. Die Oberfläche mit einem runden Stück Backpapier abdecken und 10 Minuten köcheln lassen.

3 Oliven und Kapern unterrühren und mit Salz abschmecken. Die Mischung in eine Servierschüssel füllen und auf Zimmertemperatur abkühlen lassen. Mit der Petersilie bestreuen und servieren.

# Snacks & kleine Gerichte

*Jeder kennt das: Hektik, kaum Zeit zum Einkaufen und noch weniger, um aufwändige Gerichte zuzubereiten. Doch die Energiereserven müssen aufgefüllt werden, am besten durch eine leichte Mahlzeit, die gesund und schmackhaft ist. In diesem Kapitel finden Sie eine Auswahl an leicht verdaulichen, wohl schmeckenden Gemüserezepten, von denen einige überdies rasch zubereitet werden können.*

*Entdecken Sie Rezepte für alle Arten von Gemüse, z. B. für Kartoffeln den Curryklassiker* Aloo gobi *(siehe Seite 63) oder für Auberginen die* Pizza alla siciliana *(siehe Seite 83). Die Vielseitigkeit von Gemüse ist schier grenzenlos. Es lässt sich auch wunderbar kombinieren: mit anderen Gemüsesorten wie in einer* Ratatouille *(siehe Seite 66), aber auch mit zahlreichen anderen Zutaten, von Eiern und Käse bis hin zu Pasta und Teig. Dieses Kapitel enthält viele beliebte Familiengerichte wie den* Überraschungs-Blumenkohl *(siehe Seite 72). Daneben finden Sie Rezepte, die auch Kinder zum Gemüseessen verführen. Zu den einfachen Gerichten gehören das* Sommerliche Pfannengemüse *(siehe Seite 71) oder das* Spanische Omelett *(siehe Seite 93).* Porree-Zwiebel-Törtchen *(siehe Seite 80) oder die* Spinatpastete *(siehe Seite 77), die nur wenig zeitaufwändiger sind, bereichern jedes Büfett.*

*Ob heiß oder kalt, einfach oder raffiniert, deftig oder fein, schlicht oder ausgefallen – in diesem Kapitel finden Sie geeignete Rezepte, ob Sie nun rasch einen Mitternachtssnack für die Party zaubern, das Mittagessen für Ihre Familie kochen oder ein Picknick vorbereiten wollen.*

# Paprikakartoffeln

**Garzeit: 1 Std. 10 Min.** **Vorbereitung: 15 Min.** **Für 4 Personen**

| NÄHRWERTANGABEN | |
|---|---|
| Kilokalorien | 177 |
| Eiweiß | 6 g |
| Kohlenhydrate | 38 g |
| Zucker | 4 g |
| Fett | 1 g |
| davon gesättigt | 0 g |

### Variation

Ersetzt man den Joghurt in Schritt 2 und 3 durch Crème fraîche, wird das Gericht noch gehaltvoller und erhält eine zusätzliche Geschmacksnuance.

*An kalten Tagen sind Ofenkartoffeln ein geeigneter Imbiss. Eine bunte, cremige Füllung mit einem Hauch Knoblauch verleiht ihnen hier eine ganz besondere Note.*

### ZUTATEN

**4 Ofenkartoffeln**
**125 ml Gemüsebrühe (siehe Seite 13)**
**1 Zwiebel, fein gehackt**
**1 Knoblauchzehe, fein gehackt**
**125 g Naturjoghurt**
**2 TL Paprikapulver**
**Salz und Pfeffer**

### Tipp

Wer die nahrhafte Schale der Ofenkartoffeln mag, kann sie knusprig garen, indem er die Kartoffeln vor dem Backen mit etwas Olivenöl einreibt.

1 Den Ofen auf 200 °C vorheizen. Die Kartoffeln mit einer Gabel einstechen und ca. 1 Stunde backen, bis sie gar sind. Kurz bevor die Kartoffeln fertig sind, die Brühe in einen Topf gießen und Zwiebel und Knoblauch zugeben. Kurz aufkochen und 5 Minuten köcheln lassen.

2 Die Kartoffeln aus dem Ofen nehmen und von der Längsseite einen Deckel abschneiden. Den Ofen nicht ausschalten. Die Kartoffeln mit einem Teelöffel vorsichtig aushöhlen und die Kartoffelmasse unter die Zwiebelmischung rühren. Die Hälfte des Joghurts und 1½ Teelöffel Paprikapulver zugeben, mit Salz und Pfeffer abschmecken und verrühren. Die Mischung mit einem Holzlöffel durch ein Sieb streichen.

3 Die Kartoffelmischung in die ausgehöhlten Kartoffeln löffeln und diese weitere 10 Minuten zum Aufwärmen in den Ofen stellen. Herausnehmen, den Joghurt darauf löffeln, mit Paprika bestreuen und sofort servieren.

# Gemüsepuffer

**Für 12 Personen** **Vorbereitung: 20 Min.** **Garzeit: 30 Min.**

*Diese köstlichen Puffer mit einer asiatischen Geschmacksnote werden aus einer würzigen Gemüsemischung zubereitet. Sie sind schnell und einfach gemacht.*

### ZUTATEN

**2 große Kartoffeln, in Scheiben**
**1 Zwiebel, in Ringen**
**½ Blumenkohl, in Röschen**
**50 g gegarte Erbsen**
**1 EL pürierter Spinat**
**2–3 grüne Chillies**
**frische Korianderblätter**
**1 TL fein gehackter Ingwer**
**1 TL zerdrückter Knoblauch**
**1 TL gemahlener Koriander**
**1 Prise Kurkuma**
**1 TL Salz**
**50 g Semmelbrösel**
**300 ml Öl**

**GARNIERUNG**

**Chilistreifen**
**Korianderzweige**

| NAHRWERTANGABEN | |
|---|---|
| Kilokalorien | 268 |
| Eiweiß | 2 g |
| Kohlenhydrate | 9 g |
| Zucker | 1 g |
| Fett | 25 g |
| davon gesättigt | 3 g |

### Variation

Die Gemüsepuffer mit Naturjoghurt, Mayonnaise (siehe Seite 13) oder Aïoli (siehe Seite 40) servieren.

### Tipp

Sie können die Gemüsepuffer auch im Voraus zubereiten. Dazu die Puffer bis Schritt 3 vorbereiten, in den Semmelbröseln wenden, auf einen großen Teller legen und bis zum Braten kalt stellen.

1 Kartoffeln, Zwiebel und Blumenkohlröschen in einen Topf geben, mit Wasser bedecken und aufkochen. Die Hitze reduzieren und weiter köcheln, bis die Kartoffeln gar sind. Das Gemüse mit einem Schaumlöffel aus dem Topf nehmen und gut abtropfen lassen. Beiseite stellen.

2 Erbsen und Spinat gründlich mit dem Gemüse vermengen und die Mischung mit einer Gabel zerdrücken. Die Chillies und die frischen Korianderblätter mit einem scharfen Messer fein hacken. Chillies, Ingwer, Knoblauch, frischer und gemahlener Koriander, Kurkuma und Salz verrühren.

3 Diese würzige Mischung unter das Gemüse rühren. Mit einer Gabel erneut zu einer sämigen Paste verarbeiten. Die Semmelbrösel auf einen großen Teller streuen. Aus der würzigen Gemüsepaste 10–12 kleine Bällchen formen. Mit der Handfläche flach drücken, sodass runde Puffer entstehen. Jeden Puffer in den Semmelbröseln wenden.

4 In einer Pfanne das Öl erhitzen und darin die Puffer portionsweise goldbraun backen. Dabei gelegentlich wenden. Die Puffer auf einen Servierteller geben. Mit Chilistreifen und Korianderzweigen garnieren. Heiß servieren.

# Oeufs au nid

**Für 4 Personen** **Vorbereitung: 15 Min.** **Garzeit: 40 Min.**

*Diese überbackenen Eier in einem Bett aus weichem Kartoffelpüree machen den Eindruck, als ruhten sie in einem Nest. Ein schlichtes Gericht, das aber großen Eindruck macht.*

**ZUTATEN**

**900 g ungeschälte, mehlig kochende Kartoffeln**
**Salz und Pfeffer**
**175 g Butter**
**ca. 225 ml Milch**
**4 Eier**
**50 g Gouda**

| NÄHRWERTANGABEN | |
|---|---|
| Kilokalorien | 673 |
| Eiweiß | 18 g |
| Kohlenhydrate | 42 g |
| Zucker | 4 g |
| Fett | 49 g |
| davon gesättigt | 30 g |

**Tipp**

Verarbeiten Sie die gekochten Kartoffeln nicht in der Küchenmaschine, da die Masse sonst klebrig wird und nicht genug Luft aufnimmt, um einen lockeren Brei zu bilden.

1 Den Ofen auf 200 °C vorheizen. Die Kartoffeln ca. 25 Minuten in leicht gesalzenem, kochendem Wasser garen, dann abtropfen lassen und pellen. Die Kartoffeln mit 100 g der Butter in eine Schüssel geben und zerstampfen, bis die Masse frei von Klumpen ist. Nach Belieben mit Salz und Pfeffer abschmecken. Die Hälfte der Milch zugießen und alles kräftig mit dem Schneebesen durchschlagen. Wenn nötig noch mehr Milch zugeben, bis man ein leichtes, glattes Püree erhält.

2 Mit etwas Butter eine Auflaufform ausstreichen. Das Kartoffelpüree darin gleichmäßig verteilen. 4 Mulden in die Oberfläche drücken. In jede Mulde etwas Butter geben und je 1 Ei darin aufschlagen, dann mit Salz und Pfeffer würzen.

3 Um jedes Ei herum mit den Zinken einer Gabel Furchen in das Püree ziehen. Den Käse reiben und auf der Oberfläche verteilen. Im Ofen 15 Minuten backen, bis das Eiweiß gestockt, das Eigelb aber noch flüssig ist. Sofort servieren.

# Feta-Kartoffel-Küchlein

**Garzeit: 35 Min.**

**Vorbereitung: 20 Min., plus 1 Std. Kühlzeit**

**Für 4 Personen**

*Diese leckeren Gemüseküchlein sind, mit einem Salat serviert, ein leichtes Mittagessen. Der Feta verleiht ihnen eine würzige Note, die durch die Frühlingszwiebeln noch verfeinert wird.*

| NÄHRWERTANGABEN | |
|---|---|
| Kilokalorien | 269 |
| Eiweiß | 9 g |
| Kohlenhydrate | 24 g |
| Zucker | 1 g |
| Fett | 16 g |
| davon gesättigt | 1 g |

**ZUTATEN**

**500 g ungeschälte, mehlig kochende Kartoffeln**

**Salz und Pfeffer**

**4 Frühlingszwiebeln, klein geschnitten**

**100 g Feta, zerkrümelt**

**2 TL frisch gehackter Thymian**

**1 Ei, verquirlt**

**1 EL Zitronensaft**

**Mehl, zum Bestäuben**

**3 EL Sonnenblumen- oder Maiskeimöl**

**frischer Schnittlauch, zum Garnieren**

**1** Die Kartoffeln in leicht gesalzenem, kochendem Wasser 25 Minuten garen, dann abtropfen lassen und pellen. In eine Schüssel geben und mit einem Kartoffelstampfer oder einer Gabel gut zerdrücken.

**2** Frühlingszwiebeln, Feta, Thymian, Ei und Zitronensaft zugeben und nach Belieben mit Salz und Pfeffer abschmecken. Alles gut durchmischen. Die Schüssel mit Frischhaltefolie abdecken und 1 Stunde in den Kühlschrank stellen.

**3** Das Mehl auf einen Teller geben, kleine Portionen der Kartoffelmischung zwischen den Handflächen zu etwa walnussgroßen Bällchen formen, dann leicht flach drücken und im Mehl wenden. Das Öl bei starker Hitze in einer Pfanne erhitzen und die Kartoffelküchlein darin – wenn nötig portionsweise – von beiden Seiten goldbraun braten. Auf Küchenpapier abtropfen lassen, mit dem Schnittlauch garnieren und servieren.

**Tipp**

Sie können den Feta auch durch andere weiche Käsesorten, z. B. Ziegenkäse, ersetzen, falls im Kühlschrank noch ein Rest steht, der verbraucht werden muss.

# Aloo gobi

**Garzeit: 20 Min.** **Vorbereitung: 20 Min.** **Für 4 Personen**

*Gemüsecurry ist nicht ohne Grund so beliebt: Es sieht appetitlich aus, duftet wunderbar und schmeckt einfach köstlich. Dieses würzige Gericht schmeckt auch Veganern hervorragend.*

| NÄHRWERTANGABEN | |
|---|---|
| Kilokalorien | 164 |
| Eiweiß | 5 g |
| Kohlenhydrate | 22 g |
| Zucker | 3 g |
| Fett | 7 g |
| davon gesättigt | 1 g |

**ZUTATEN**

**450 g ungeschälte Kartoffeln,**
**2 EL Erdnuss- oder Sonnenblumenöl**
**1 TL Kreuzkümmelsamen**
**2 frische grüne Chillies, entkernt und fein gehackt**
**1 Blumenkohl, in Röschen**
**1 TL gemahlener Kreuzkümmel**
**1 TL gemahlener Koriander**
**½ TL Kurkuma**
**¼ TL Chilipulver**
**Salz und Pfeffer**
**frisch gehackter Koriander, zum Garnieren**

### Variation

Das Gericht erhält ein etwas süßeres Aroma, wenn man die grünen Chillies in Schritt 1 durch frische rote Chillies ersetzt.

1 Die Kartoffeln in 2,5-cm-Stücke schneiden und 10 Minuten in einem Topf mit kochendem Wasser garen. Inzwischen das Öl in einer großen Pfanne erhitzen. Die Kreuzkümmelsamen zugeben und unter ständigem Rühren 1½ Minuten erhitzen, bis sie zu platzen beginnen. Die Chillies zugeben und 1 Minute unter Rühren andünsten.

2 Den Blumenkohl zugeben und unter ständigem Rühren 5 Minuten garen. Vom Herd nehmen. Die Kartoffeln abgießen und abtropfen lassen.

3 Kartoffeln, gemahlenen Kreuzkümmel, Koriander, Kurkuma und Chilipulver in die Pfanne zugeben. Nach Belieben mit Salz und Pfeffer abschmecken. Wieder auf den Herd stellen und unter häufigem Rühren 10 Minuten garen, bis das Gemüse weich ist. In eine vorgewärmte Servierschüssel füllen, mit dem Koriander garnieren und servieren.

### Tipp

Wählen Sie unbedingt einen frischen Blumenkohl mit viel Grün aus, das den Blütenkopf schützt. Dieser selbst sollte cremeweiß ohne braune Flecken sein.

# Bubble & Squeak

**Für 4 Personen** **Vorbereitung: 15 Min.** **Garzeit: 1 Std.**

*Ursprünglich wurden beim englischen Bubble & Squeak die Gemüsereste vom Sonntag verwertet. Im Laufe der Zeit wurde daraus jedoch ein eigenständiges Gericht, das sich großer Beliebtheit erfreut.*

**ZUTATEN**

**450 g Kartoffeln, ungeschält**
**70 g Butter**
**Salz und Pfeffer**
**250 g Wirsing**
**2–3 EL Wasser**
**4 EL Sonnenblumenöl**
**1 Zwiebel, fein gehackt**

| NÄHRWERTANGABEN | |
|---|---|
| Kilokalorien | 348 |
| Eiweiß | 4 g |
| Kohlenhydrate | 26 g |
| Zucker | 6 g |
| Fett | 26 g |
| davon gesättigt | 11 g |

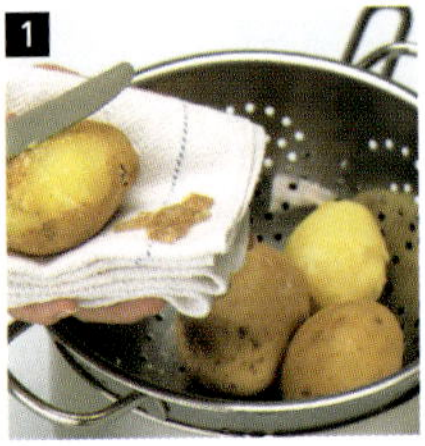

**Variation**

Verwenden Sie anstelle des Wirsings Rosenkohl: Diesen 3–5 Minuten in leicht gesalzenem Wasser kochen. Hacken und in Schritt 2 zum Kartoffelpüree geben.

1 Die Kartoffeln in leicht gesalzenem, kochendem Wasser 25 Minuten garen. Abtropfen lassen, pellen und würfeln. Mit 50 g der Butter in eine große Schüssel geben und zerstampfen, bis die Masse klumpenfrei ist. Nach Belieben mit Salz und Pfeffer abschmecken. Währenddessen den Wirsing klein schneiden und in einen großen Topf geben. Den Rest der Butter und das Wasser zugeben. Abdecken und bei geringer Hitze unter gelegentlichem Schwenken des Topfes 10 Minuten garen.

2 Wirsing und Kartoffelpüree in einer Schüssel vermengen und nach Belieben mit Salz und Pfeffer abschmecken. Die Hälfte des Öls in einer Pfanne erhitzen. Die Zwiebel hineingeben und unter gelegentlichem Rühren 5 Minuten weich dünsten. Die Kartoffel-Wirsing-Mischung zugeben und mit einem Holzlöffel zu einem flachen, ebenen Fladen verstreichen.

3 Den Gemüsekuchen bei mittlerer Hitze 15 Minuten backen, bis die Unterseite goldbraun ist, dann auf einen großen Teller stürzen. Das restliche Öl in die Pfanne geben. Den Kuchen zurück in die Pfanne gleiten lassen und die andere Seite 10 Minuten backen, bis sie ebenfalls goldbraun ist. Auf einen Teller geben, in Stücke teilen und servieren.

# Bruschetta mit roten Zwiebeln

**Garzeit: 20 Min.** **Vorbereitung: 10 Min.** **Für 4 Personen**

*Knoblauchtoast mit einer auf der Zunge zergehenden Mischung aus gedünsteten Zwiebeln, Oliven und geschmolzenem Ziegenkäse. Eine köstliche Vorspeise für ein festliches Abendessen.*

| NÄHRWERTANGABEN | |
|---|---|
| Kilokalorien | 418 |
| Fiweiß | 11 g |
| Kohlenhydrate | 42 g |
| Zucker | 14 g |
| Fett | 24 g |
| davon gesättigt | 6 g |

**ZUTATEN**

**6 EL natives Olivenöl extra**
**4 rote Zwiebeln, in dicken Ringen**
**2 EL Balsamico-Essig**
**8 schwarze Oliven, entsteint und gehackt**
**1 TL frische Thymianblätter**
**4 dicke Scheiben Landbrot, z. B. Ciabatta**
**4 Knoblauchzehen**
**100 g Ziegenkäse, in Scheiben**

1 2 Esslöffel des Öls in einer großen Pfanne erhitzen. Die Zwiebeln hineingeben und bei geringer Hitze unter gelegentlichem Rühren 5 Minuten glasig dünsten. Bei mittlerer Hitze unter gelegentlichem Rühren weitergaren, bis sich die Zwiebeln verfärben. Den Balsamico-Essig zugeben und unter ständigem Rühren weitergaren, bis er fast völlig verdampft ist. Oliven und frische Thymianblätter unterrühren.

2 Inzwischen das Brot im vorgeheizten Grill auf einer Seite rösten. Die geröstete Seite mit den Knoblauchzehen einreiben. Das Brot dann mit der gerösteten Seite nach unten auf den Grillrost legen und mit dem restlichen Olivenöl beträufeln. Nun die andere Seite rösten.

3 Die Zwiebelmischung auf die Toastscheiben verteilen und den Käse darauf legen. 2 Minuten unter den Grill legen, bis der Käse geschmolzen ist, dann auf einen Servierteller legen und sofort servieren.

## Variation

Miniversionen dieser köstlichen Toasts ergeben vorzügliche Partysnacks. Dafür anstelle der großen Ciabatta ein Baguette oder ein Mini-Baguette nehmen.

# Ratatouille

**Für 4 Personen** **Vorbereitung: 30 Min.** **Garzeit: 1 Std.**

*Das Geheimnis bei der Zubereitung einer gelungenen Ratatouille besteht darin, das Gemüse so behutsam zu garen, dass es im Öl schwitzt und sein Saft herrliche Aromen erzeugt. Dieses Gericht eignet sich auch für Veganer.*

### ZUTATEN

**2 Auberginen**
**4 Zucchini**
**2 gelbe Paprika**
**2 rote Paprika**
**2 Zwiebeln**
**2 Knoblauchzehen**
**150 ml Olivenöl**
**1 Bouquet garni**
**3 große Tomaten, gehäutet, entkernt und gewürfelt**
**Salz und Pfeffer**

### NÄHRWERTANGABEN

| | |
|---|---|
| Kilokalorien | 360 |
| Eiweiß | 5 g |
| Kohlenhydrate | 21 g |
| Zucker | 16 g |
| Fett | 29 g |
| davon gesättigt | 4 g |

### Variation

Verwenden Sie anstelle des Bouquet garni je 1 Esslöffel gehacktes Basilikum und gehackte Petersilie sowie 2 Teelöffel Thymianblätter.

1

1

3
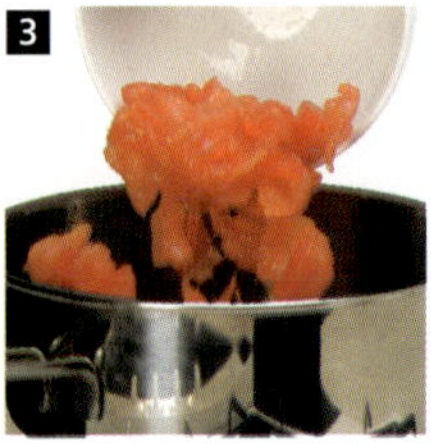

### Tipp

Für das Bouquet garni 3 Petersilienzweige, 2 Thymianzweige und 1 Lorbeerblatt zusammenbinden.

1 Auberginen und Zucchini grob hacken. Die Paprika entkernen und grob würfeln. Die Zwiebeln in Ringe schneiden und den Knoblauch fein hacken. Das Olivenöl in einem großen Topf erhitzen. Die Zwiebeln hineingeben und bei mittlerer Hitze unter Rühren 5 Minuten dünsten. Den Knoblauch zugeben und unter Rühren 2 Minuten dünsten.

2 Auberginen, Zucchini und Paprika zugeben und die Temperatur auf mittlere Hitze erhöhen. Unter gelegentlichem Rühren garen, bis die Paprika Farbe annehmen. Das Bouquet garni zugeben, die Hitze reduzieren, abdecken und 40 Minuten köcheln lassen.

3 Die Tomaten unterrühren und nach Belieben mit Salz und Pfeffer abschmecken. Den Topf wieder abdecken und weitere 10 Minuten köcheln lassen. Das Bouquet garni entfernen. Kalt oder warm servieren.

# Tofu-Aufstrich

**Für 4 Personen** **Vorbereitung: 10 Min.** **Garzeit: 10 Min.**

*Eine herrliche Köstlichkeit, die sich sowohl als kleine leichte Mahlzeit wie auch als Abendbrot anbietet. Sie ist schnell zubereitet und ebenso geeignet für den kleinen Hunger zwischendurch.*

## ZUTATEN

**75 g Margarine**
**450 g geräucherter fester Tofu, in kleinen Stücken**
**1 rote Zwiebel, gehackt**
**1 rote Paprika, entkernt und gewürfelt**
**4 Ciabatta-Brötchen**
**2 EL gehackte gemischte Kräuter**
**Salz und Pfeffer**
**frische Kräuter, zum Garnieren**

| NÄHRWERTANGABEN | |
|---|---|
| Kilokalorien | 392 |
| Eiweiß | 16 g |
| Kohlenhydrate | 35 g |
| Zucker | 6 g |
| Fett | 22 g |
| davon gesättigt | 4 g |

### Tipp

Geräucherter Tofu verleiht diesem Gericht eine besondere Note. Man kann auch marinierten Tofu verwenden. Reiben Sie die getoasteten Brötchen mit einer aufgeschnittenen Knoblauchzehe ein.

1. Die Margarine in einer Pfanne zerlassen und den Tofu zugeben. Zwiebel und Paprika zufügen und unter gelegentlichem Rühren 3–4 Minuten andünsten.

2. In der Zwischenzeit den Backofengrill vorheizen, die Ciabatta-Brötchen aufschneiden und 2–3 Minuten unter einmaligem Wenden im Grill toasten. Dann herausnehmen und auf einen Servierteller legen.

3. Die Kräuter zur Tofumischung geben, gut verrühren und mit Salz und Pfeffer abschmecken. Den Tofu-Aufstrich auf die Brötchen verteilen und mit Kräutern garniert sofort servieren.

# Knoblauchpilze auf Toast

**Garzeit: 10 Min.** **Vorbereitung: 10 Min.** **Für 4 Personen**

*Sie können diesem einfach zuzubereitenden Gericht eine besondere Note verleihen, wenn Sie verschiedene Pilzsorten verwenden. Baguette-Brot kann durch Ciabatta- oder Toast-Brot ersetzt werden.*

| NÄHRWERTANGABEN | |
|---|---|
| Kilokalorien | 366 |
| Eiweiß | 9 g |
| Kohlenhydrate | 45 g |
| Zucker | 2 g |
| Fett | 18 g |
| davon gesättigt | 4 g |

**ZUTATEN**

**75 g Margarine**

**2 Knoblauchzehen, zerdrückt**

**350 g gemischte Pilze, z. B. Champignons, Austern- und Shiitake Pilze, in Scheiben**

**8 Scheiben Baguette-Brot**

**1 EL gehackte Petersilie**

**Salz und Pfeffer**

1 Die Margarine in einer Pfanne zerlassen und darin den zerdrückten Knoblauch unter ständigem Rühren 30 Sekunden dünsten. Die Pilze zugeben.

2 Alles unter gelegentlichem Wenden ca. 5 Minuten andünsten.

3 Die Baguette-Scheiben unter einem vorgeheizten Grill 2–3 Minuten toasten, dabei einmal wenden. Die getoasteten Scheiben auf einen Servierteller legen.

4 Die Petersilie zu den Pilzen geben und gut verrühren. Mit Salz und Pfeffer abschmecken.

5 Die Knoblauchpilze auf den getoasteten Brotscheiben verteilen und sofort servieren.

**Tipp**

Pilze im Kühlschrank nicht länger als 24–36 Stunden lagern, und zwar in Papiertüten. Wild wachsende Pilze sollten gewaschen werden, kultivierte Sorten kann man einfach mit Küchenpapier abwischen.

# Sommerliches Pfannengemüse

**Garzeit: 10 Min.** **Vorbereitung: 15 Min.** **Für 4 Personen**

*Pfannenrühren hat zwei wesentliche Vorzüge: Es ist eine sehr schnelle Garmethode, und das Gemüse behält mehr von seinem Aroma, seiner Farbe und seiner Struktur. Dieses Gericht ist auch für Veganer geeignet.*

## NÄHRWERTANGABEN

| | |
|---|---|
| Kilokalorien | 105 |
| Eiweiß | 5 g |
| Kohlenhydrate | 6 g |
| Zucker | 5 g |
| Fett | 7 g |
| davon gesättigt | 1 g |

## Variation

Für ein chinesisches Aroma gibt man in Schritt 3 mit dem Gemüse 1 Esslöffel dunkle Sojasauce zu. Den Wok abdecken und 2–3 Minuten dünsten.

## ZUTATEN

- **125 g grüne Bohnen**
- **125 g Zuckererbsen**
- **125 g Karotten**
- **125 g Spargel**
- **½ rote Paprika**
- **½ orangefarbene Paprika**
- **½ gelbe Paprika**
- **2 Selleriestangen**
- **3 Frühlingszwiebeln**
- **2 EL Erdnuss- oder Sonnenblumenöl**
- **1 TL frisch gehackter Ingwer**
- **2 Knoblauchzehen, fein gehackt**
- **125 g Brokkoli, in Röschen**
- **Salz**
- **chinesischer Schnittlauch, zum Garnieren**

1

2

3

## Tipp

Schneiden Sie das Gemüse diagonal, um seine Oberfläche zu vergrößern. Auf diese Weise gart es schneller und gleichmäßiger.

1 Bohnen, Zuckererbsen, Karotten, Spargel, Paprika, Sellerie und Frühlingszwiebeln putzen. Das Gemüse klein schneiden und beiseite stellen. Die Hälfte des Öls im vorgewärmten Wok oder in einer Pfanne erhitzen. Ingwer und Knoblauch hineingeben und einige Sekunden pfannenrühren, dann die grünen Bohnen zugeben und 2 Minuten pfannenrühren.

2 Die Zuckererbsen zugeben und 1 Minute pfannenrühren, dann Brokkoliröschen, Karotten und Spargel zugeben und weitere 2 Minuten pfannenrühren.

3 Das restliche Öl, Paprika, Sellerie und Frühlingszwiebeln zugeben und weitere 2–3 Minuten pfannenrühren, bis das gesamte Gemüse bissfest ist. Mit Salz abschmecken, mit chinesischem Schnittlauch garnieren und sofort servieren.

# Überraschungs-Blumenkohl

**Für 4 Personen** **Vorbereitung: 15 Min.** **Garzeit: 15 Min.**

*Die Überraschung sind all die anderen Zutaten, die in dieser Version des beliebten Gerichts mitverarbeitet werden: Zwiebeln, Pilze, Tomaten, Mais – sie liegen versteckt unter Blumenkohlröschen und Käsesauce, um bei Tisch entdeckt zu werden.*

## NÄHRWERTANGABEN

| | |
|---|---|
| Kilokalorien | 549 |
| Eiweiß | 24 g |
| Kohlenhydrate | 43 g |
| Zucker | 21 g |
| Fett | 32 g |
| davon gesättigt | 17 g |

### ZUTATEN

**2 EL Sonnenblumenöl**
**2 Zwiebeln, gehackt**
**100 g Champignons, gehackt**
**4 Tomaten, gehäutet und gewürfelt**
**200 g Zuckermais aus der Dose, abgetropft**
**Salz und Pfeffer**
**1 großer Blumenkohl, in Röschen zerteilt**
**600 ml Käsesauce (siehe Seite 90), mit 70 g Gouda und 70 g Gruyère zubereitet**
**4 EL frisch geriebener Parmesan**
**4 EL Semmelbrösel**

### Variation

Man erzielt einen hübschen Effekt, wenn man für die Deckschicht dieses Gerichts je zur Hälfte Blumenkohl- und Brokkoliröschen verwendet.

1

3

3

### Tipp

Den Blumenkohl auf keinen Fall verkochen, da er sonst seine Farbe ändert und zerfällt, wenn man ihn auf dem übrigen Gemüse verteilt.

1 Das Öl in einer Pfanne erhitzen. Die Zwiebeln hineingeben und bei geringer Hitze unter gelegentlichem Rühren 5 Minuten weich dünsten. Die Pilze zugeben und unter gelegentlichem Rühren 5 Minuten dünsten. Tomaten und Mais zugeben, nach Belieben mit Salz und Pfeffer abschmecken, alles gut vermengen und erhitzen.

2 Inzwischen den Blumenkohl in einem großen Topf mit leicht gesalzenem, kochendem Wasser 5–10 Minuten garen, bis er bissfest ist. Abtropfen lassen und warm stellen.

3 150 ml Käsesauce unter die Gemüsemischung rühren, dann die Mischung in eine Auflaufform geben. Den Blumenkohl darauf verteilen und mit der restlichen Käsesauce übergießen. Parmesan und Semmelbrösel vermengen und über die Oberfläche streuen. Unter dem vorgeheizten Grill 3–5 Minuten goldbraun backen. Servieren.

# Tofuspieße

**Für 4 Personen** **Vorbereitung: 45 Min.** **Garzeit: 15 Min.**

*Tofu ist reich an Eiweiß, Vitaminen und Mineralien und schmeckt vor allem mariniert sehr gut. Diese Tofuspieße können auf dem Holzkohle- oder im Backofengrill gegart werden.*

**ZUTATEN**

**350 g Tofu**
**1 rote Paprika**
**1 gelbe Paprika**
**2 Zucchini**
**8 kleine Champignons, geputzt**
**Zitronenscheiben, zum Garnieren**

**MARINADE**

**abgeriebene Schale und Saft von ½ Zitrone**
**1 Knoblauchzehe, zerdrückt**
**½ TL frisch gehackter Rosmarin**
**½ TL frisch gehackter Thymian**
**1 EL Walnussöl**

| NÄHRWERTANGABEN | |
|---|---|
| Kilokalorien | 149 |
| Eiweiß | 13 g |
| Kohlenhydrate | 5 g |
| Zucker | 5 g |
| Fett | 9 g |
| davon gesättigt | 1 g |

**2**

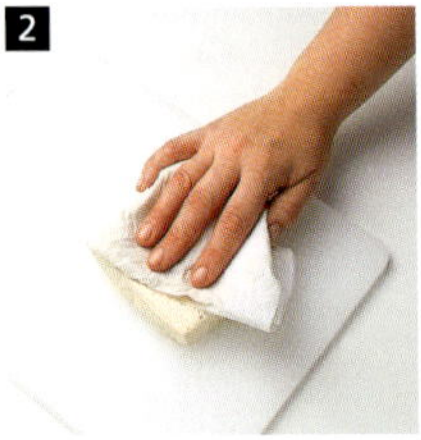

**3**

**4**

**Tipp**

Holzspieße vor dem Grillen 30 Minuten in einer Schüssel mit kaltem Wasser einweichen, damit sie beim Grillen nicht anbrennen.

1 Den Grill vorheizen. Für die Marinade Zitronenschale und -saft, Knoblauch, Rosmarin, Thymian und Öl in einem flachen Gefäß gründlich mischen.

2 Den Tofu abtropfen lassen, mit Küchenpapier trockentupfen und mit einem scharfen Messer würfeln. In die Marinade geben, rundum damit überziehen und 20–30 Minuten marinieren.

3 Inzwischen die Paprika entkernen, in ca. 3 cm große Stücke schneiden und 4 Minuten in kochendem Wasser blanchieren. Anschließend in kaltem Wasser abschrecken und abtropfen lassen.

4 Mit einem Sparschäler in regelmäßigen Abständen dünne Streifen von der Zucchinischale abziehen. Die Zucchini in 2,5 cm große Stücke schneiden.

5 Den Tofu aus der Marinade nehmen. Die Marinade beiseite stellen. Die Tofuwürfel im Wechsel mit Paprika- und Zucchinistücken sowie Champignons auf 8 Grillspieße stecken.

6 Die Spieße ca. 6 Minuten grillen, dabei regelmäßig wenden und mit Marinade bestreichen.

7 Die fertigen Spieße auf Teller legen, mit Zitronenscheiben garnieren und servieren.

# Frühlingsrollen

**Garzeit: 30–35 Min.** **Vorbereitung: 20 Min., plus 20 Min. Einweichzeit** **Für 12 Personen**

*Fein geschnittenes Gemüse wird hier in hauchdünne Teigblätter eingerollt und knusprig frittiert. Die Teigblätter erhalten Sie in asiatischen Lebensmittelmärkten.*

| NÄHRWERTANGABEN | |
|---|---|
| Kilokalorien | 186 |
| Eiweiß | 4 g |
| Kohlenhydrate | 18 g |
| Zucker | 2 g |
| Fett | 11 g |
| davon gesättigt | 1 g |

**ZUTATEN**

**5 getrocknete chinesische Pilze oder Champignons**

**1 große Karotte**

**60 g Bambussprossen aus der Dose**

**2 Frühlingszwiebeln**

**60 g Chinakohl**

**2 EL Sonnenblumenöl**

**250 g Sojabohnensprossen**

**1 EL Sojasauce**

**Salz**

**12 Blätter Frühlingsrollen-Teig**

**1 Ei, verquirlt**

**Öl, zum Frittieren**

**Tipp**

Falls kein Frühlingsrollen-Teig erhältlich ist, können Sie in Schritt 3 ersatzweise auch Filo-Teig verwenden. Den Teig vorsichtig auseinander falten, da er schnell reißt.

1 Die getrockneten Pilze in eine Schüssel geben und mit warmem Wasser bedecken. 20–25 Minuten einweichen. Abtropfen lassen und auspressen. Pilzstiele entfernen und Pilzhüte in Scheiben schneiden. Karotte und Bambussprossen in feine Streifen schneiden. Frühlingszwiebeln hacken und Chinakohl in feine Streifen schneiden.

2 Das Öl in einem Wok erhitzen. Pilze, Karotte und Bambussprossen hinzugeben und 2 Minuten unter Rühren kurz anbraten. Frühlingszwiebeln, Chinakohl, Sojabohnensprossen und Sojasauce zugeben. Mit Salz abschmecken und alles 2 Minuten pfannenrühren. Abkühlen lassen.

3 Die Mischung in 12 Portionen aufteilen und jeweils eine Portion auf den Rand eines Teigblatts geben. Die Ränder über die Füllung falten und aufrollen, das Ende mit etwas Ei bestreichen und festdrücken. Öl zum Frittieren in einem Wok auf 180–190 °C erhitzen (ein Brotwürfel wird darin in 30 Sekunden braun). Frühlingsrollen portionsweise darin 4–5 Minuten frittieren, bis sie goldbraun und knusprig sind. Das Öl darf nicht zu heiß werden, da die Frühlingsrollen sonst außen braun werden, bevor sie innen gar sind. Herausnehmen und auf Küchenpapier abtropfen lassen. Warm halten, bis alle Teigrollen ausgebacken sind. Sofort servieren.

# Spinatpastete

**Garzeit: 1 Std.** **Vorbereitung: 30 Min.** **Für 4 Personen**

| NÄHRWERTANGABEN | |
|---|---|
| Kilokalorien | 930 |
| Eiweiß | 28 g |
| Kohlenhydrate | 78 g |
| Zucker | 6 g |
| Fett | 59 g |
| davon gesättigt | 33 g |

### Variation

Die Eiglasur lässt die Teigoberfläche glänzen. Wer eine matte Oberfläche bevorzugt, kann den Teig stattdessen mit Milch bestreichen.

*Diese Pastete mit Spinatfüllung sieht nicht nur gut aus, sie schmeckt auch köstlich. Servieren Sie sie warm oder kalt mit einem gemischten Blattsalat.*

### ZUTATEN

**Butter, zum Einfetten**
**2 Portion Pasteten-Mürbeteig (siehe Seite 13), gekühlt**
**Mehl, zum Bestäuben**
**1 Ei, leicht verquirlt, zum Glasieren**

**FÜLLUNG**

**450 g Spinat, Tiefkühlware aufgetaut**
**2 EL Olivenöl**
**1 große Zwiebel, gehackt**
**2 Knoblauchzehen, fein gehackt**
**2 Eier, leicht verquirlt**
**225 g Ricotta**
**50 g frisch geriebener Parmesan**
**1 Prise frisch geriebene Muskatnuss**
**Salz und Pfeffer**

### Tipp

Den Teig für den Boden behutsam in eine Richtung vom Körper weg ausrollen und dabei jedes Mal ein Stück drehen, damit er gleichmäßig dick wird.

1 Den Ofen auf 200 °C vorheizen. Für die Füllung den Spinat abtropfen lassen und so viel Flüssigkeit wie möglich herauspressen. Das Olivenöl in einer großen Pfanne erhitzen. Die Zwiebel hineingeben und unter gelegentlichem Rühren 5 Minuten weich dünsten. Knoblauch und Spinat zugeben und unter gelegentlichem Rühren 10 Minuten garen. Die Pfanne vom Herd nehmen und leicht abkühlen lassen, dann Eier, Ricotta und Parmesan unterrühren. Nach Belieben mit Muskatnuss, Salz und Pfeffer abschmecken.

2 Eine Obstkuchenform (22 cm Durchmesser) dünn mit Butter ausstreichen. Zwei Drittel des Teigs auf einer leicht bemehlten Arbeitsfläche ausrollen. Die Form so mit dem Teig auslegen, dass er an der Kante übersteht. Die Spinatmischung hineingeben und gleichmäßig verteilen.

3 Den restlichen Teig auf einer leicht bemehlten Arbeitsfläche ausrollen und in 1 cm breite Streifen schneiden. Diese Streifen gitterförmig über die Pastete legen und an der Kante festdrücken, dann überstehende Teigreste abschneiden. Mit dem Ei bestreichen und 45 Minuten im Ofen goldbraun backen. Die Pastete ein wenig auf einem Kuchengitter abkühlen lassen, dann erst aus der Form nehmen.

# Pilz-Zwiebel-Quiche

**Für 4 Personen** | **Vorbereitung: 40 Min., plus 1 Std. Kühlzeit** | **Garzeit: 1 Std. 15 Min.**

*Diese Quiche enthält ausnahmsweise keinen Käse. Am besten schmeckt sie, wenn man eine Mischung unterschiedlicher Pilzsorten verwendet. Viele Wildpilzarten sind inzwischen auch als Zuchtpilze erhältlich, ohne spürbar an Geschmack verloren zu haben.*

## ZUTATEN

**Butter, zum Einfetten**
**1 Portion Pasteten-Mürbeteig (siehe Seite 13), gekühlt**
**Mehl, zum Bestäuben**

FÜLLUNG

**50 g Butter**
**3 rote Zwiebeln, halbiert und in Ringen**
**350 g gemischte Wildpilze, z. B. Steinpilze, Pfifferlinge und Morcheln**
**2 TL frisch gehackter Thymian**
**1 Ei**
**2 Eigelb**
**100 g Crème double**
**Salz und Pfeffer**

### NÄHRWERTANGABEN

| | |
|---|---|
| Kilokalorien | 640 |
| Eiweiß | 11 g |
| Kohlenhydrate | 44 g |
| Zucker | 8 g |
| Fett | 48 g |
| davon gesättigt | 28 g |

### Variation

Bereiten Sie diese Quiche auch mit anderen Pilzarten zu, z. B. mit Shiitake- oder Austernpilzen.

### Tipp

Der Mürbeteig kann bereits im Voraus zubereitet und auch tiefgefroren werden. Dann den Teig vor Gebrauch jedoch vollständig auftauen, damit er nicht bricht.

1 Den Ofen auf 190 °C vorheizen. Eine Quicheform (22 cm Durchmesser) dünn mit Butter ausstreichen. Den Teig auf einer leicht bemehlten Arbeitsfläche ausrollen, die Form damit auslegen und den Teigboden mit einer Gabel einstechen. 30 Minuten kalt stellen, dann mit Alufolie auslegen, mit Bohnen belegen und 25 Minuten backen. Alufolie und Bohnen entfernen und auf einem Kuchengitter abkühlen lassen. Die Ofentemperatur auf 180 °C reduzieren.

2 Für die Füllung die Butter in einer großen Pfanne zerlassen. Die Zwiebeln hineingeben, abdecken und bei geringer Hitze unter gelegentlichem Rühren 20 Minuten dünsten. Pilze und Thymian zugeben und unter gelegentlichem Rühren weitere 10 Minuten dünsten. Die Mischung auf den abgekühlten Quicheboden verteilen und die Form auf ein Backblech stellen.

3 Ei, Eigelb und Crème double leicht verquirlen und nach Belieben mit Salz und Pfeffer abschmecken. Die Mischung über die Pilzfüllung gießen. Im Ofen 20 Minuten backen, bis die Füllung gestockt und goldfarben ist. Heiß oder warm servieren.

# Porree-Zwiebel-Törtchen

**Für 6 Personen** | **Vorbereitung: 30 Min., plus 1 Std. Kühlzeit** | **Garzeit: 40 Min.**

*Diese schmackhaften Törtchen sehen aus wie Mini-Quiches und sind warm und kalt gleichermaßen köstlich – mit einem knackigen Salat als Beilage sind sie eine ausgezeichnete Wahl für ein Picknick.*

## ZUTATEN

**Butter, zum Einfetten**
**1 Portion Pasteten-Mürbeteig (siehe Seite 13)**
**Mehl, zum Bestäuben**

### FÜLLUNG

**25 g Butter**
**1 Zwiebel, in dünnen Ringen**
**450 g Porree, in dünnen Ringen**
**2 TL frisch gehackter Thymian**
**50 g Gruyère, gerieben**
**3 Eier**
**300 g Crème double**
**Salz und Pfeffer**

| NÄHRWERTANGABEN | |
|---|---|
| Kilokalorien | 575 |
| Eiweiß | 11 g |
| Kohlenhydrate | 28 g |
| Zucker | 5 g |
| Fett | 47 g |
| davon gesättigt | 28 g |

1

2

3

**1** Den Ofen auf 190 °C vorheizen. 6 Tortelett-Förmchen (10 cm Durchmesser) mit Butter einfetten. Den Teig auf einer leicht bemehlten Arbeitsfläche ausrollen und 6 Teigkreise (13 cm Durchmesser) ausstechen. Die Formen vorsichtig mit dem Teig auslegen und den Boden einstechen. 30 Minuten kalt stellen. Den Teig dann mit Alufolie auslegen, mit Bohnen belegen und 8 Minuten backen. Alufolie und Bohnen entfernen und weitere 2 Minuten backen. Die Formen zum Abkühlen auf ein Kuchengitter stellen. Die Ofentemperatur auf 180 °C reduzieren.

**2** Inzwischen die Füllung zubereiten. Die Butter in einer großen Pfanne zerlassen. Die Zwiebel hineingeben und unter ständigem Rühren 5 Minuten weich dünsten. Porree und Thymian zugeben und unter Rühren 10 Minuten weich dünsten. Die Füllung auf die Teigformen verteilen und mit dem Gruyère bestreuen.

**3** Eier und Crème double leicht verquirlen und nach Belieben mit Salz und Pfeffer abschmecken. Die Tortelett-Förmchen auf ein Backblech stellen und die Eimasse auf die Törtchen verteilen. Im Ofen 15 Minuten backen, bis die Füllung gestockt und goldbraun ist. Die Törtchen auf einem Kuchengitter leicht abkühlen lassen, dann aus den Förmchen nehmen und servieren.

### Variation

Man kann den Porree auch durch 450 g in Scheiben geschnittene Zucchini ersetzen, um einen etwas milderen Geschmack zu erzielen.

# Tomaten-Zwiebel-Auflauf mit Ei

**Garzeit: 1 Std.** **Vorbereitung: 10 Min.** **Für 4–6 Personen**

*Dieser nahrhafte Auflauf ist genau das Richtige für ein Mittagessen an einem kalten Wintertag – ein gehaltvolles Gericht, vor allem, wenn man noch einen Korb mit knusprigen Brötchen dazu reicht.*

| NÄHRWERTANGABEN | |
|---|---|
| Kilokalorien | 307 |
| Eiweiß | 11 g |
| Kohlenhydrate | 28 g |
| Zucker | 11 g |
| Fett | 18 g |
| davon gesättigt | 9 g |

**ZUTATEN**

**50 g Butter, plus etwas mehr zum Einfetten**

**2 große Zwiebeln, in dünnen Ringen**

**500 g Tomaten, gehäutet und in Scheiben**

**100 g frische Semmelbrösel**

**Salz und Pfeffer**

**4 Eier**

3

3

4

1 Den Ofen auf 180 °C vorheizen. Eine Auflaufform mit Butter ausstreichen.

2 3 Esslöffel der Butter in einer Pfanne bei geringer Hitze zerlassen. Die Zwiebeln hineingeben und unter gelegentlichem Rühren 5 Minuten weich dünsten.

3 Zwiebeln, Tomaten und Semmelbrösel schichtweise in die Form geben. Jede Schicht nach Belieben mit Salz und Pfeffer abschmecken. Die restliche Butter in Stückchen auf der Oberfläche verteilen. 40 Minuten im Ofen backen.

4 Den Auflauf aus dem Ofen nehmen und mit einem Löffelrücken vier Mulden in die Mischung drücken. In jede Mulde 1 Ei aufschlagen. Den Auflauf für weitere 15 Minuten in den Ofen stellen, bis die Eier gestockt sind. Sofort servieren.

**Variation**

Noch würziger wird das Gericht, wenn man 2 rote Paprika zugibt, sobald die Zwiebeln weich sind. 10 Minuten garen, dann 1 Prise Cayennepfeffer unterrühren.

# Pizza alla siciliana

**Garzeit: 55 Min.** **Vorbereitung: 25 Min.** **Für 2 Personen**

| NÄHRWERTANGABEN | |
|---|---|
| Kilokalorien | 1210 |
| Eiweiß | 52 g |
| Kohlenhydrate | 144 g |
| Zucker | 11 g |
| Fett | 51 g |
| davon gesättigt | 18 g |

### Variation

Wer einen nussigen Pizzageschmack mag, kann die Kapern in Schritt 3 durch 25 g Pinienkerne ersetzen.

*In diesem vegetarischen Pizzaklassiker gehen Oliven, geröstete Auberginen, Käse und eine gehaltvolle Tomatensauce eine herrliche Verbindung ein – ein echter Renner bei Partys und Picknicks.*

## ZUTATEN

**Olivenöl, zum Einfetten**
**2 Pizzateigböden**
**(siehe Seite 13)**

TOMATENSAUCE

**200 g gehackte Tomaten aus der Dose**
**5 EL passierte Tomaten**
**1 Knoblauchzehe, fein gehackt**
**1 Lorbeerblatt**
**½ TL getrockneter Oregano**
**½ TL Zucker**
**1 TL Balsamico-Essig**
**Salz und Pfeffer**

BELAG

**1 Aubergine, in dünnen Scheiben**
**2 EL Olivenöl**
**175 g Mozzarella, in Scheiben**
**50 g eingelegte, entsteinte schwarze Oliven**
**1 EL Kapern, abgetropft**
**4 EL frisch geriebener Parmesan**

2

3

3

### Tipp

Wählen Sie für einen wirklich köstlichen Belag den originalen Mozzarella aus Büffelmilch. In Geschmack und Konsistenz ist er unübertroffen.

1 Den Ofen auf 200 °C vorheizen. Für die Tomatensauce alle Zutaten in einen Topf geben. Nach Belieben mit Salz und Pfeffer abschmecken und aufkochen. Die Hitze reduzieren und unter gelegentlichem Rühren 20 Minuten köcheln lassen, bis die Mischung eingedickt ist. Vom Herd nehmen, das Lorbeerblatt entfernen, abkühlen lassen.

2 Inzwischen ein Backblech mit Öl bestreichen. Die Auberginenscheiben ebenfalls mit Öl bestreichen und auf das Backblech legen. 5 Minuten im Ofen backen, dann die Scheiben wenden und weitere 5–10 Minuten backen. Die Scheiben auf Küchenpapier abtropfen lassen. Die Ofentemperatur auf 220 °C erhöhen.

3 2 Backbleche oder Pizzaformen mit Öl bestreichen und die Pizzaböden darauf legen. Die Tomatensauce auf die Böden verteilen und gleichmäßig verstreichen. Die Auberginen darauf legen und mit Mozzarella bedecken. Oliven und Kapern darauf verteilen und alles mit Parmesan bestreuen. 15–20 Minuten backen und sofort servieren.

# Pizza mit geröstetem Gemüse

**Für 2 Personen** | **Vorbereitung: 30 Min., plus 30 Min. Kühlzeit** | **Garzeit: 35 Min.**

*Diese prächtige Pizza sieht wie ein richtiges Kunstwerk aus und macht das Essen zu einem Fest. Aufgrund ihres hohen Frischgemüseanteils ist sie besonders nahrhaft.*

### ZUTATEN

**4 ungeschälte Knoblauchzehen**
**2 rote Zwiebeln, in Spalten**
**1 orangefarbene Paprika, entkernt und in 8 Streifen geschnitten**
**1 gelbe Paprika, entkernt und in 8 Streifen geschnitten**
**4 kleine Zucchini, längs halbiert**
**4 kleine Auberginen, längs in 4 Scheiben geschnitten**
**Salz und Pfeffer**
**125 ml Olivenöl, plus etwas mehr zum Einfetten**
**1 EL Balsamico-Essig**
**2 EL frische Basilikumblätter, plus etwas mehr zum Garnieren**
**2 Pizzateigböden (siehe Seite 13)**
**1 Portion Tomatensauce (siehe Seite 83)**
**175 g Ziegenkäse, gewürfelt**

### NÄHRWERTANGABEN

| | |
|---|---|
| Kilokalorien | 1490 |
| Eiweiß | 42 g |
| Kohlenhydrate | 173 g |
| Zucker | 30 g |
| Fett | 76 g |
| davon gesättigt | 17 g |

### Variation

Für den Belag kann jedes feste Gemüse verwendet werden. Ist Ziegenkäse nicht erhältlich, kann er durch Feta ersetzt werden.

1

2

2

### Tipp

Wenn man z. B. Rucolablätter für die Pizza verwendet, sollte man sie nach dem Backen zugeben, da sie ansonsten ihre Feuchtigkeit verlieren und zusammenfallen oder anbrennen.

1 Den Ofen auf 200 °C vorheizen. Knoblauch, Zwiebeln, Paprika, Zucchini und Auberginen in einer Bratenform verteilen. Nach Belieben mit Salz und Pfeffer abschmecken. Öl, Essig und Basilikum in einem Gefäß mischen, über das Gemüse gießen und alles gut vermengen. 15 Minuten im Ofen backen; während der Garzeit ein- oder zweimal wenden. Aus dem Ofen nehmen. Dann die Ofentemperatur auf 220 °C erhöhen.

2 2 Backbleche mit Öl bestreichen und die Pizzaböden darauf legen. Die Tomatensauce auf die 2 Böden verteilen und bis fast zum Rand verstreichen. Die Haut von der Paprika abziehen. Den Knoblauch schälen und in Scheiben schneiden. Das Gemüse auf der Tomatensauce verteilen und mit dem Ziegenkäse bestreuen. Alles mit dem Sud aus der Bratenform beträufeln.

3 Die Pizza 15–20 Minuten im Ofen goldbraun backen. Mit frischem Basilikum garnieren und direkt aus dem Ofen servieren.

# Penne mit Zucchini und Walnüssen

**Garzeit: 35 Min.** **Vorbereitung: 15 Min.** **Für 4 Personen**

| NÄHRWERTANGABEN | |
|---|---|
| Kilokalorien | 635 |
| Eiweiß | 19 g |
| Kohlenhydrate | 82 g |
| Zucker | 8 g |
| Fett | 29 g |
| davon gesättigt | 8 g |

## Variation

Für dieses Gericht eignen sich auch andere Pastasorten. Probieren Sie z. B. Farfalle, Spaghetti, Tagliatelle oder Pappardelle.

*Pasta ist sehr vielseitig und passt zu vielen verschiedenen Gemüsesorten. Hier wird sie mit einer sahnigen Sauce aus Zwiebeln, Zucchini, Walnüssen und Kräutern kombiniert.*

## ZUTATEN

- **25 g Butter**
- **3 EL Olivenöl**
- **2 rote Zwiebeln, in dünnen Ringen**
- **450 g Zucchini, in dünnen Scheiben**
- **Salz und Pfeffer**
- **400 g Penne**
- **50 g Walnüsse, gehackt**
- **3 EL frisch gehackte glatte Petersilie**
- **2 EL Crème fraîche**
- **2 EL frisch geriebener Parmesan**

## Tipp

Damit die Pasta perfekt gelingt, machen Sie eine Garprobe: Beißen Sie nach ca. 7 Minuten in eine Nudel hinein. Hat sie noch zu viel Biss, weitere 1–2 Minuten garen.

1 Die Butter mit dem Öl in einer großen Pfanne zerlassen. Die Zwiebeln zugeben, abdecken und bei geringer Hitze unter gelegentlichem Rühren 5 Minuten weich dünsten. Die Zucchinischeiben zugeben. Gut verrühren, abdecken und unter gelegentlichem Rühren 15–20 Minuten garen, bis das Gemüse ganz weich ist.

2 In einem Topf leicht gesalzenes Wasser aufkochen. Die Pasta hineingeben und bissfest kochen.

3 Inzwischen Walnüsse, Petersilie und Crème fraîche unter die Zucchinimischung rühren. Nach Belieben mit Salz und Pfeffer abschmecken. Die Pasta gut abtropfen lassen und in eine große Servierschüssel füllen. Die Zucchinimischung zugeben und alles gut vermengen. Die Pasta mit dem Parmesan bestreuen und sofort servieren.

# Chilipasta

**Für 6 Personen** **Vorbereitung: 10 Min.** **Garzeit: 15 Min.**

*In einigen Regionen Italiens wachsen feurig-scharfe Chillies, die man auch „kleine Teufel" nennt. Ohne Käse serviert eignet sich dieses Gericht für Veganer.*

**ZUTATEN**

**2 Knoblauchzehen, fein gehackt**
**2 frische rote Chillies**
**550 g passierte Tomaten oder Eiertomaten, zerdrückt**
**200 g gehackte Tomaten aus der Dose**
**200 ml trockener Weißwein**
**4 EL Pesto rosso**
**Salz und Pfeffer**
**450 g Gemelli**
**3 EL frisch gehackte glatte Petersilie**
**frisch geriebener Parmesan, zum Garnieren (nach Belieben)**

| NÄHRWERTANGABEN | |
|---|---|
| Kilokalorien | 320 |
| Eiweiß | 10 g |
| Kohlenhydrate | 61 g |
| Zucker | 7 g |
| Fett | 4 g |
| davon gesättigt | 0 g |

**Tipp**

Gemelli („Zwillinge") werden aus kurzen, gedrehten Pastastücken hergestellt. Man kann für dieses Gericht aber auch andere kurze Pastasorten verwenden.

1 Knoblauch, ganze Chillies, passierte Tomaten, gehackte Tomaten, Wein und Pesto rosso in einen Topf geben und unter gelegentlichem Rühren aufkochen. Die Hitze reduzieren, abdecken und während der Zubereitung der Pasta köcheln lassen.

2 In einem Topf leicht gesalzenes Wasser aufkochen. Die Pasta hineingeben und bissfest kochen. Abtropfen lassen und in eine große, vorgewärmte Servierschüssel geben.

3 Die Chillies entfernen. Wer die Sauce feurig-scharf wünscht, kann die Chillies hacken und zurück in die Sauce geben. Die Hälfte der Petersilie zugeben. Die Sauce mit Salz und Pfeffer abschmecken und über die Pasta gießen. Alles gut vermengen, mit der restlichen Petersilie bestreuen und sofort mit dem Parmesan servieren.

# Paglia e fieno

**Garzeit: 12 Min.** **Vorbereitung: 15 Min.** **Für 4 Personen**

*Dieses einfache Pastagericht, das wörtlich übersetzt „Stroh und Heu" bedeutet, ergibt ein schnelles, leichtes Mittagsgericht. Die frischen Erbsen und die Sahnesauce ergänzen einander optimal.*

| NÄHRWERTANGABEN | |
|---|---|
| Kilokalorien | 823 |
| Eiweiß | 23 g |
| Kohlenhydrate | 94 g |
| Zucker | 7 g |
| Fett | 43 g |
| davon gesättigt | 26 g |

**ZUTATEN**

**Salz und Pfeffer**
**450 g Taglierini oder Spaghetti (gelbe und grüne gemischt)**
**50 g Butter**
**900 g frische Erbsen, gepalt**
**200 g Crème double**
**50 g frisch geriebener Pecorino plus etwas mehr zum Servieren**

1

2

3

**1** In einem Topf leicht gesalzenes Wasser aufkochen. Die Pasta hineingeben und bissfest kochen.

**2** Inzwischen die Butter in einem Topf zerlassen. Die Erbsen hineingeben und bei geringer Hitze 4–5 Minuten unter häufigem Rühren dünsten. 150 g Crème double zugeben und gut verrühren. Aufkochen und 1 Minute köcheln lassen.

**3** Die Pasta abtropfen lassen und zu den Erbsen geben. Die restliche Crème double und den Pecorino zugeben. Nach Belieben mit Muskatnuss, Salz und Pfeffer abschmecken. Alles gut vermengen, in eine vorgewärmte Servierschüssel füllen und sofort mit Pecorino dazu servieren.

**Tipp**

Obwohl sich Erbsen gut einfrieren lassen, sind frische Erbsen wegen des Geschmacks und der Konsistenz vorzuziehen. Daher bereitet man dieses Gericht am besten zu, wenn Erbsenzeit ist.

# Makkaroni in Käsesauce

**Für 4 Personen** **Vorbereitung: 15 Min.** **Garzeit: 20 Min.**

*Makkaroni mit Käsesauce können im Notfall jederzeit mit Konserven zubereitet werden. Hier wird dieses traditionelle Gericht durch einige zusätzliche Zutaten wie Zwiebeln, Tomaten und Eier aufgewertet und dadurch bunter und interessanter.*

## ZUTATEN

**Salz**
**200 g kurze Makkaroni**
**1 Zwiebel, in Ringen**
**4 hart gekochte Eier, geviertelt**
**4 Kirschtomaten, halbiert**
**3 EL Semmelbrösel**
**2 EL Red Leicester**

KÄSESAUCE

**40 g Butter**
**5 EL Mehl**
**600 ml Milch**
**140 g Red Leicester, gerieben**
**1 Prise Cayennepfeffer**

### NÄHRWERTANGABEN

| | |
|---|---|
| Kilokalorien | 618 |
| Eiweiß | 29 g |
| Kohlenhydrate | 58 g |
| Zucker | 11 g |
| Fett | 32 g |
| davon gesättigt | 18 g |

### Variation

Gibt man 200 g abgetropften Mais aus der Dose mit den hart gekochten Eiern in Schritt 3 zu, erhält das Gericht etwas mehr Biss.

### Tipp

Nehmen Sie den Topf vor dem Einrühren des geriebenen Käses immer erst vom Herd, da die Sauce sonst zu dick und zäh wird. Statt Red Leicester können Sie ebenso Cheddar oder Gouda verwenden.

1 In einem Topf leicht gesalzenes Wasser aufkochen. Makkaroni und Zwiebel hineingeben. Aufkochen und die Pasta bissfest kochen. Gut abtropfen lassen und die Makkaroni-Zwiebel-Mischung in eine Auflaufform geben.

2 Für die Käsesauce die Butter in einem Topf zerlassen. Das Mehl einrühren und unter ständigem Rühren 1–2 Minuten anschwitzen. Den Topf vom Herd nehmen und die Milch portionsweise unterrühren. Dann den Topf zurück auf den Herd stellen. Unter ständigem Rühren aufkochen. 2 Minuten köcheln lassen, bis die Sauce dickflüssig ist und glänzt. Vom Herd nehmen, den Käse einrühren und mit Cayennepfeffer und Salz abschmecken.

3 Die Makkaroni mit der Sauce übergießen. Die Eier zugeben und alles leicht vermengen. Die Tomatenhälften auf der Oberfläche verteilen. Die Semmelbrösel mit dem fein geriebenen Käse vermengen und darüber streuen. 3–4 Minuten unter den vorgeheizten Grill stellen, bis der Belag goldbraun ist und Bläschen wirft. Sofort servieren.

# Spanisches Omelett

**Garzeit: 20 Min.** **Vorbereitung: 20 Min.** **Für 4 Personen**

| NÄHRWERTANGABEN | |
|---|---|
| Kilokalorien | 376 |
| Eiweiß | 19 g |
| Kohlenhydrate | 27 g |
| Zucker | 8 g |
| Fett | 22 g |
| davon gesättigt | 8 g |

### Variation

Wer nicht für Vegetarier kocht, kann in Schritt 1 mit den Kartoffeln auch 125 g gekochte, ausgelöste Garnelen oder 200 g Thunfisch zugeben.

*Ein vielseitiges Gericht, für das Sie frisches Gemüse oder auch Gemüsereste Ihrer Wahl verwenden können. Es ist einfach zuzubereiten und ergibt ein sättigendes, nahrhaftes Abendessen.*

## ZUTATEN

**2 EL Olivenöl**
**1 Gemüsezwiebel, gehackt**
**2 Knoblauchzehen, fein gehackt**
**1 rote Paprika, entkernt und gewürfelt**
**250 g Zucchini, in dünnen Scheiben**
**2 Tomaten, gehäutet und gewürfelt**
**350 g Kartoffeln, gekocht und gewürfelt (nach Belieben)**
**6 Eier**
**4 EL Milch**
**2 TL frisch gehackter Estragon**
**Salz und Pfeffer**
**100 g Gouda, gerieben**

### Tipp

Falls Ihre Pfanne keinen feuerfesten Griff hat, können Sie auch einen Topf mit feuerfesten Griffen verwenden.

1 Das Öl in einer großen Pfanne mit feuerfestem Griff erhitzen. Die Zwiebel hineingeben und unter gelegentlichem Rühren 5 Minuten weich dünsten. Knoblauch, rote Paprika und Zucchini zugeben und unter häufigem Rühren weitere 5 Minuten dünsten. Tomaten und Kartoffeln zugeben und unter häufigem Rühren 3 Minuten dünsten.

2 Eier, Milch und Estragon in einer Schüssel verquirlen und nach Belieben mit Salz und Pfeffer abschmecken. Die Eimischung in die Pfanne gießen und ohne Rühren garen, bis das Ei zu stocken beginnt und an der Unterseite goldbraun ist.

3 Die Oberfläche gleichmäßig mit Käse bestreuen. Die Pfanne unter den vorgeheizten Grill stellen und das Omelett 3–4 Minuten garen, bis der Käse geschmolzen und die Oberfläche goldbraun ist. In Stücke schneiden und servieren.

# Kartoffelomelett

**Für 4 Personen** **Vorbereitung: 20 Min.** **Garzeit: 25 Min.**

*Dieses Omelett besteht aus Eiern und Kartoffeln und wird mit einer Füllung aus Feta, Spinat und Joghurt, die mit Fenchelsamen gewürzt ist, angerichtet. Es ist ein schnell zubereitetes warmes Mahl mit vielen wertvollen Nährstoffen wie Folsäure, Vitamin C und Kalzium.*

## ZUTATEN

**6 EL Butter**
**6 fest kochende Kartoffeln (ca. 1,3 kg), gewürfelt**
**3 Knoblauchzehen, zerdrückt**
**1 TL Paprikapulver**
**2 Tomaten, gehäutet, entkernt und gewürfelt**
**12 Eier**
**Salz und Pfeffer**

FÜLLUNG

**250 g frischer Spinat**
**1 TL Fenchelsamen**
**125 g Feta, gewürfelt**
**4 EL Naturjoghurt**

### NÄHRWERTANGABEN

| | |
|---|---|
| Kilokalorien | 564 |
| Eiweiß | 30 g |
| Kohlenhydrate | 25 g |
| Zucker | 6 g |
| Fett | 39 g |
| davon gesättigt | 19 g |

### Variation

Nehmen Sie statt Feta einen anderen Käse Ihrer Wahl, und ersetzen Sie den Spinat durch blanchierten Brokkoli oder andere Gemüsesorten.

2

2

3

### Tipp

Die Eier gut verquirlen, damit das Omelett locker und leicht wird. Die Omeletts sollten so schnell wie möglich serviert werden, nachdem sie ausgebacken wurden.

1 2 Esslöffel Butter in einer Pfanne zerlassen und die Kartoffeln darin bei geringer Hitze 7–10 Minuten goldbraun rösten. In eine Schüssel geben. Knoblauch, Paprikapulver und Tomaten in die Pfanne geben und weitere 2 Minuten braten. Zu den Kartoffeln geben.

2 Die Eier verquirlen und mit Salz und Pfeffer abschmecken. Über die Kartoffelmischung in die Schüssel geben und gut verrühren. Für die Füllung den Spinat waschen und 1 Minute in kochendem Wasser blanchieren. Mit einem Schaumlöffel herausnehmen und unter kaltem Wasser abschrecken. In eine Schüssel geben, Fenchelsamen, Käse und Joghurt zufügen und alles gut vermengen.

3 1 Esslöffel Butter in einer Pfanne (15 cm Durchmesser) zerlassen. Ein Viertel der Ei-Kartoffel-Mischung zufügen und 2 Minuten braten, dabei einmal wenden. Das Omelett auf einen Teller geben, ein Viertel der Spinatfüllung darauf verstreichen und das Omelett darüber zusammenklappen. Warm halten. Insgesamt 4 Omeletts zubereiten. Auf vorgewärmten Tellern anrichten und sofort servieren.

# Hauptgerichte

*Die vielfältige Auswahl an Gemüsegerichten in diesem Kapitel kann selbst Menschen, die gern Fleisch essen, zu einem vegetarischen Hauptgang verführen. Das Spektrum reicht von gehaltvollen Eintöpfen und leichten Soufflés über schmackhafte „Würstchengerichte" bis hin zu traditionellen Risottos. Hier finden Sie einfache Gerichte für den Alltag wie das* Gemüse-Curry *(siehe Seite 107), den* Käse-Tomaten-Auflauf *(siehe Seite 112) oder den* Gemüseauflauf mit Streuseln *(siehe Seite 117). Wenn Sie mehr Zeit haben, suchen Sie sich ein raffinierteres Rezept aus, wie z. B.* Gemüsetaschen *(siehe Seite 127) oder* Artischockenherzen-Soufflé *(siehe Seite 122).*

*Eiweißreiche Hülsenfrüchte gehören zu den Basiselementen der vegetarischen Ernährung. Deshalb sind in diesem Kapitel in vielen Eintöpfen, Aufläufen, Gemüsekuchen, Burgern und Risottos Erbsen, Bohnen und Linsen enthalten. Daneben finden sich aber auch Rezepte für viele andere Gemüsesorten, z. B.* Paprika mit Käsefüllung *(siehe Seite 105),* Pilz-Gougère *(siehe Seite 128) oder* Spinat-Käse-Crêpes *(siehe Seite 132).*

*Die Rezepte orientieren sich an den besten Beispielen vegetarischer Kochkunst aus aller Welt. Es gibt französische, kenianische und italienische Eintopfgerichte, Gemüse auf chinesische Art, indisches Curry, spanische Paella, italienische Pasta, nordafrikanischen Couscous, griechische Moussaka oder die fleischlosen Glamorgan-Würstchen. Ganz gleich, ob Sie es scharf und würzig, herzhaft und erfrischend oder fein und aromatisch lieben – hier finden Sie mindestens ein Hauptgericht, das Ihrem Geschmack entspricht.*

# Wintergemüse mit Klößen

**Garzeit: 1 Std. 15 Min.** **Vorbereitung: 20 Min.** **Für 6 Personen**

| NÄHRWERTANGABEN | |
|---|---|
| Kilokalorien | 345 |
| Eiweiß | 9 g |
| Kohlenhydrate | 43 g |
| Zucker | 6 g |
| Fett | 17 g |
| davon gesättigt | 10 g |

## Variation

Die Kohlrübe kann nach Belieben auch durch 2 Pastinaken in Scheiben ersetzt werden; statt der Wachsbohnen kann man auch Kidneybohnen verwenden.

*Ein wärmendes, gehaltvolles Gericht für einen kalten Abend: Wurzelgemüse mit leckeren Petersilieklößchen. Dieses Gericht eignet sich auch für Veganer.*

### ZUTATEN

**50 g Butter oder Margarine (ohne tierische Fettanteile)**
**2 Porreestangen, klein geschnitten**
**2 Karotten, klein geschnitten**
**2 Kartoffeln, in mundgerechten Stücken**
**1 Kohlrübe, in mundgerechten Stücken**
**2 Zucchini, in Scheiben**
**1 Fenchelknolle, halbiert und in Scheiben**
**2 EL Mehl**
**425 g Wachsbohnen aus der Dose**
**600 ml Gemüsebrühe (siehe Seite 13)**
**2 EL Tomatenmark**
**1 TL getrockneter Thymian**
**2 Lorbeerblätter**
**Salz und Pfeffer**

KLÖSSE

**100 g Mehl**
**1¼ TL Backpulver**
**1 Prise Salz**
**50 g vegetarischer Schmalz**
**2 EL frisch gehackte Petersilie**
**ca. 4 EL Wasser**

## Tipp

Vegetarischer Schmalz ist in Bioläden oder Reformhäusern erhältlich. Manche Margarinesorten enthalten tierisches Fett, weshalb Vegetarier die Angaben auf der Verpackung beachten sollten.

1 Die Butter in einem großen Topf bei geringer Hitze zerlassen. Porreestangen, Karotten, Kartoffeln, Kohlrübe, Zucchini und Fenchel hineingeben und unter gelegentlichem Rühren 10 Minuten garen. Das Mehl einrühren und unter ständigem Rühren 1 Minute anschwitzen. Die Dosenflüssigkeit der Wachsbohnen, Brühe, Tomatenmark, Thymian und Lorbeerblätter unterrühren und nach Belieben mit Salz und Pfeffer abschmecken. Unter ständigem Rühren aufkochen, dann abdecken und 10 Minuten köcheln lassen.

2 Inzwischen die Klöße zubereiten. Mehl, Backpulver und Salz in eine Schüssel sieben. Mit Schmalz und Petersilie vermengen und dabei so viel Wasser zugeben, dass sich ein weicher Teig bildet. Den Teig in 8 Stücke zerteilen und daraus Klöße rollen.

3 Wachsbohnen und Klöße in den Topf geben. Abdecken und weitere 30 Minuten köcheln lassen. Die Lorbeerblätter vor dem Servieren entfernen.

# Kenianisches Dengu

**Für 4 Personen** **Vorbereitung: 15 Min.** **Garzeit: 1 Std. 40 Min.**

*Dieser mild gewürzte Mungbohnen-Eintopf ist preiswert, sättigend und einfach zuzubereiten. Er eignet sich auch für Veganer.*

**ZUTATEN**

**250 g Mungbohnen, mit Wasser bedeckt und über Nacht eingeweicht**
**2 EL Sonnenblumenöl**
**1 Zwiebel, gehackt**
**2 Knoblauchzehen, fein gehackt**
**2 EL Tomatenmark**
**1 rote Paprika, entkernt und gewürfelt**
**1 grüne Paprika, entkernt und gewürfelt**
**1 frische rote Chili, entkernt und fein gehackt**
**300 ml Gemüsebrühe (siehe Seite 13) oder Wasser**
**Salz**

| NÄHRWERTANGABEN | |
|---|---|
| Kilokalorien | 254 |
| Eiweiß | 17 g |
| Kohlenhydrate | 34 g |
| Zucker | 8 g |
| Fett | 6 g |
| davon gesättigt | 1 g |

**1** Die Mungbohnen abtropfen lassen, in einen Topf geben und mit Wasser bedecken. Aufkochen, dann abdecken und 1–1¼ Stunden köcheln lassen, bis die Bohnen gar sind. Gut abtropfen lassen, zurück in den Topf geben und gründlich zerstampfen, bis ein weiches Püree entsteht.

**2** Das Öl in einem anderen Topf erhitzen. Die Zwiebel hineingeben und unter gelegentlichem Rühren 10 Minuten goldbraun anbraten. Den Knoblauch zugeben und 2 Minuten garen, dann das Tomatenmark zugeben und unter Rühren weitere 3 Minuten garen.

**3** Die zerstampften Bohnen unter die Zwiebelmischung rühren. Paprika, Chili und Brühe zugeben, alles gut verrühren, abschmecken und 10 Minuten köcheln lassen. In eine vorgewärmte Servierschüssel füllen und sofort servieren.

### Variation

Eine besondere Geschmacksnote erhält dieses Gericht durch Zugabe von 200 g klein geschnittenem Blattspinat 3–4 Minuten vor Ende der Garzeit in Schritt 3.

# Gemüsetopf mit Linsen

**Garzeit: 2 Std.** **Vorbereitung: 15 Min.** **Für 4 Personen**

*Dieses Eintopfgericht wird langsam gegart, damit sich die Aromen gut verbinden. Puy-Linsen behalten ihre Form besser als andere Sorten. Dieses Gericht schmeckt auch Veganern sehr gut.*

| NÄHRWERTANGABEN | |
|---|---|
| Kilokalorien | 273 |
| Eiweiß | 18 g |
| Kohlenhydrate | 50 g |
| Zucker | 9 g |
| Fett | 2 g |
| davon gesättigt | 0 g |

## ZUTATEN

**10 Gewürznelken**

**1 Zwiebel, geschält**

**250 g Puy-Linsen oder braune Linsen**

**1 Lorbeerblatt**

**1,5 l Gemüsebrühe (siehe Seite 13)**

**2 Porreestangen, klein geschnitten**

**2 Kartoffeln, gewürfelt**

**2 Karotten, klein gewürfelt**

**3 Zucchini, gewürfelt**

**1 Selleriestange, klein geschnitten**

**1 rote Paprika, entkernt und gewürfelt**

**Salz und Pfeffer**

**1 EL Zitronensaft**

1

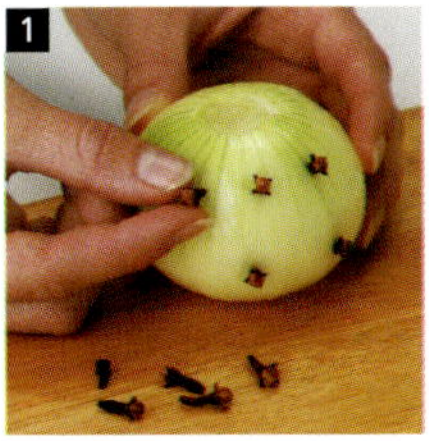

1

2

1 Den Ofen auf 180 °C vorheizen. Die Gewürznelken in die Zwiebel drücken. Die Linsen in einen großen Topf geben, Zwiebel und Lorbeerblatt zugeben und die Brühe zugießen. Abdecken und 1 Stunde im Ofen backen.

2 Den Topf aus dem Ofen nehmen. Die Zwiebel herausnehmen und die Gewürznelken entfernen. Die Zwiebel in Ringe schneiden und mit Porree, Kartoffeln, Karotten, Zucchini, Sellerie und roter Paprika zurück in den Topf geben. Alles gut verrühren und nach Belieben mit Salz und Pfeffer abschmecken. Abdecken und erneut 1 Stunde in den Ofen stellen.

3 Das Lorbeerblatt entfernen und wegwerfen. Den Zitronensaft unterrühren und den Eintopf direkt aus dem Topf servieren.

### Tipp

Im Gegensatz zu anderen Hülsenfrüchten müssen Linsen vor dem Kochen nicht eingeweicht werden. Es ist daher praktisch, sie immer vorrätig zu haben.

# Provenzalischer Bohneneintopf

**Für 4 Personen** **Vorbereitung: 20 Min.** **Garzeit: 2 Std. 30 Min.**

*Ein mediterraner Eintopf, der mit Knoblauchbrot besonders gut schmeckt. Er eignet sich auch für Veganer.*

## ZUTATEN

**350 g getrocknete Pintobohnen, mit Wasser bedeckt und über Nacht eingeweicht**
**2 EL Olivenöl**
**2 Zwiebeln, in Ringen**
**2 Knoblauchzehen, fein gehackt**
**1 rote Paprika, entkernt und in Streifen**
**1 gelbe Paprika, entkernt und in Streifen**
**400 g gehackte Tomaten aus der Dose**
**2 EL Tomatenmark**
**1 EL frische Basilikumblätter, zerkleinert**
**2 TL frisch gehackter Thymian**
**2 TL frisch gehackter Rosmarin**
**1 Lorbeerblatt**
**Salz und Pfeffer**
**50 g schwarze Oliven, entsteint und halbiert**
**2 EL frisch gehackte Petersilie, zum Garnieren**

## NÄHRWERTANGABEN

| | |
|---|---|
| Kilokalorien | 420 |
| Eiweiß | 22 g |
| Kohlenhydrate | 64 g |
| Zucker | 12 g |
| Fett | 9 g |
| davon gesättigt | 1 g |

## Variation

Man kann für dieses Gericht auch andere Bohnensorten, z. B. Borlottibohnen, weiße oder grüne Bohnen oder eine Mischung, verwenden.

2

3

3

## Tipp

Beachten Sie beim Einweichen und Garen von Bohnen immer die Verpackungshinweise. Borlottibohnen z. B. müssen vor der Verwendung 15 Minuten in sprudelnd kochendem Wasser gegart werden.

1 Die Bohnen abtropfen lassen und in einen großen Topf geben. Mit Wasser bedecken und aufkochen, dann die Hitze reduzieren, abdecken und 1¼–1½ Stunden köcheln lassen, bis sie fast gar sind. Abtropfen lassen und 300 ml des Kochsuds beiseite stellen.

2 Das Öl in einem Topf erhitzen. Die Zwiebeln hineingeben und unter gelegentlichem Rühren 5 Minuten weich dünsten. Knoblauch und Paprika zugeben und unter häufigem Rühren 10 Minuten dünsten.

3 Tomaten samt Dosenflüssigkeit, beiseite gestellten Kochsud, Tomatenmark, Basilikum, Thymian, Rosmarin, Lorbeerblatt und die Bohnen zugeben. Nach Belieben mit Salz und Pfeffer abschmecken. Abdecken und 40 Minuten köcheln lassen. Die Oliven zugeben und weitere 5 Minuten köcheln lassen. In eine vorgewärmte Servierschüssel füllen, mit der Petersilie bestreuen und sofort servieren.

# Gefüllte Zwiebeln

**Für 6 Personen** **Vorbereitung: 30 Min.** **Garzeit: 40 Min.**

*Die Zwiebeln sollten etwa gleich groß sein, um einheitlich zu garen. Reichen Sie zu diesem Gericht Reis und Salat. Ersetzt man den Joghurt durch Sojamilch, eignet sich dieses Gericht auch für Veganer.*

**ZUTATEN**

**40 g Rosinen**

**6 Zwiebeln**

**1 EL Sonnenblumenöl**

**1 Knoblauchzehe, fein gehackt**

**450 g frischer Spinat, harte Stiele und grobe Blattrippen entfernt**

**Salz**

**125 g Naturjoghurt**

**25 g Pinienkerne, geröstet**

**1 Prise frisch geriebene Muskatnuss**

**2 EL frische Vollkorn-Semmelbrösel**

| NÄHRWERTANGABEN | |
|---|---|
| Kilokalorien | 188 |
| Eiweiß | 7 g |
| Kohlenhydrate | 28 g |
| Zucker | 21 g |
| Fett | 6 g |
| davon gesättigt | 1 g |

1

2

3

**Tipp**

Um sich beim Füllen der Zwiebeln nicht die Finger zu verbrennen, sollte man die heiße Füllung leicht abkühlen lassen, bevor man sie in die Zwiebeln gibt.

1 Den Ofen auf 180 °C vorheizen. Die Rosinen in eine Schüssel geben, mit Wasser bedecken und beiseite stellen. Eine dünne Scheibe vom Wurzelende der Zwiebeln abschneiden, damit sie gerade stehen. Vom oberen Ende eine 1-cm-Scheibe abschneiden und mit einem Teelöffel so viel Fleisch herausnehmen, dass eine 1 cm dicke Hülle bleibt. Einen Dämpfeinsatz auf einen Topf mit kochendem Wasser setzen und die Zwiebelhüllen darin 10–15 Minuten dämpfen. Vom Herd nehmen und beiseite stellen.

2 Das herausgelöffelte Zwiebelfleisch hacken. Öl in einer Pfanne erhitzen und das Zwiebelfleisch darin unter gelegentlichem Rühren 5 Minuten weich dünsten. Knoblauch unterrühren und 2 Minuten dünsten. Den Spinat zugeben, abdecken und 3 Minuten garen, bis er zusammenfällt. Abschmecken und unter Rühren 5 Minuten ohne Deckel garen, bis die Flüssigkeit verdampft ist. Vom Herd nehmen.

3 Die Rosinen abtropfen lassen und mit Joghurt, Pinienkernen und Muskatnuss zur Spinatmischung geben. Die Zwiebelhüllen abtropfen lassen und mit der Spinatmischung füllen. Die restliche Füllung auf dem Boden einer Auflaufform verteilen und die Zwiebeln hineinstellen. Mit den Semmelbröseln bestreuen und 25 Minuten backen, dann 4 Minuten grillen, bis die Semmelbrösel knusprig sind. Servieren.

# Paprika mit Käsefüllung

**Garzeit: 45 Min.** **Vorbereitung: 25 Min.** **Für 4 Personen**

*Eine schmackhafte Gemüse-Reis-Mischung macht aus diesen Paprika eine volle Mahlzeit. Reichen Sie dazu einen gemischten Blattsalat.*

| NÄHRWERTANGABEN | |
|---|---|
| Kilokalorien | 480 |
| Eiweiß | 14 g |
| Kohlenhydrate | 59 g |
| Zucker | 14 g |
| Fett | 23 g |
| davon gesättigt | 6 g |

**ZUTATEN**

**4 große rote, gelbe oder grüne Paprika**

**450 ml Gemüsebrühe (siehe Seite 13)**

**200 g Langkornreis**

**2 EL Olivenöl**

**1 Zwiebel, gehackt**

**2 Knoblauchzehen, fein gehackt**

**100 g Waldchampignons, gehackt**

**4 Tomaten, entkernt und gewürfelt**

**1 Karotte, gewürfelt**

**Salz und Pfeffer**

**1 EL frisch gehackte Petersilie**

**100 g Ziegenkäse, zerkrümelt**

**50 g Pinienkerne**

**25 g frisch geriebener Parmesan**

1

2

3

**Tipp**

Die Farbe der Paprika hängt davon ab, wie reif sie gepflückt wurden. Falls Sie einen süßeren Geschmack bevorzugen, wählen Sie orangenfarbene, gelbe und rote Schoten, die reifer sind als die jungen grünen.

1 Den Ofen auf 190 °C vorheizen. Die Paprika längs halbieren, entkernen und in einem großen Topf mit kochendem Wasser 5 Minuten blanchieren. Mit einem Schaumlöffel herausnehmen und mit der Innenseite nach unten abtropfen lassen.

2 Die Brühe in einen anderen Topf gießen und den Reis hineingeben. Aufkochen, dann die Hitze reduzieren, abdecken und 15 Minuten köcheln lassen. Vom Herd nehmen und 5 Minuten abgedeckt beiseite stellen, dann abgießen. Das Öl in einer Pfanne erhitzen, die Zwiebel hineingeben und unter gelegentlichem Rühren 5 Minuten weich dünsten. Knoblauch, Pilze, Tomaten und Karotte zugeben und nach Belieben mit Salz und Pfeffer abschmecken. Abdecken und 5 Minuten dünsten.

3 Reis, Petersilie, Ziegenkäse und Pinienkerne unter die Gemüsemischung rühren. Die Paprikahälften mit der Innenseite nach oben in einen Schmortopf oder eine Auflaufform legen. Die Reis-Gemüse-Mischung auf die Hälften verteilen. Mit Parmesan bestreuen und im Ofen 20 Minuten backen, bis der Käse knusprig ist. Servieren.

# Gemüse-Curry

**Garzeit: 35 Min.** **Vorbereitung: 20 Min.** **Für 4 Personen**

| NÄHRWERTANGABEN | |
|---|---|
| Kilokalorien | 150 |
| Eiweiß | 6 g |
| Kohlenhydrate | 12 g |
| Zucker | 9 g |
| Fett | 9 g |
| davon gesättigt | 1 g |

## Variation

Für ein schärferes Curry die Chili nicht entkernen, eine frische Chili hinzufügen oder 1 Prise Chilipulver mit der Kurkuma in Schritt 3 zugeben.

*Das Geheimnis eines guten Currys liegt in der ausgewogenen Kombination der Gewürze, und zwar hinsichtlich ihrer Schärfe und ihres Aromas. Hier wird die Currypaste durch eine Auswahl besonderer Gewürze verstärkt: Kreuzkümmel und Senfkörner, Ingwer und Chili. Dieses Gericht schmeckt auch Veganern.*

## ZUTATEN

- **2 EL Sonnenblumenöl**
- **½ TL Kreuzkümmelsamen**
- **½ TL schwarze Senfkörner**
- **1 Zwiebel, in dünnen Ringen**
- **2 Curryblätter**
- **1 EL frisch gehackter Ingwer**
- **1 frische grüne Chili, entkernt und fein gehackt**
- **2 EL Currypaste**
- **2 Karotten, klein geschnitten**
- **1 Blumenkohl, in Röschen**
- **125 g grüne Bohnen, halbiert**
- **2 Tomaten, gewürfelt**
- **¼ TL Kurkuma**
- **50 g Erbsen, Tiefkühlware aufgetaut**
- **Salz**
- **150 ml Gemüsebrühe (siehe Seite 13)**

## Tipp

Durch Rösten wird das Aroma von Gewürzsamen milder. Das Aroma von Senfkörnern ist umso stärker, je dunkler die Körner sind. Gelbe Körner sind daher milder als braune oder schwarze.

1 Das Sonnenblumenöl in einem großen Topf erhitzen. Kreuzkümmel und Senfkörner hineingeben und unter ständigem Rühren 1–2 Minuten erhitzen, bis sie ihr Aroma entfalten und zu knacken beginnen. Zwiebel und Curryblätter zugeben und unter häufigem Rühren 5 Minuten dünsten, bis die Zwiebel weich ist.

2 Ingwer und Chili zugeben und unter Rühren 1 Minute andünsten, dann die Currypaste unterrühren und unter Rühren 4 Minuten dünsten. Karotten, Blumenkohl und Bohnen unterrühren und unter gelegentlichem Rühren 5 Minuten dünsten.

3 Tomaten und Kurkuma zugeben und nach Belieben salzen. 2 Minuten dünsten, dann die Erbsen zugeben und weitere 2 Minuten dünsten. Am Ende die Brühe zugießen, gut umrühren, abdecken und 12 Minuten köcheln lassen, bis das ganze Gemüse gar ist. Sofort servieren.

# Winterlicher Couscous

**Für 4 Personen** **Vorbereitung: 30 Min.** **Garzeit: 35 Min.**

*Dieses süß-saure Gericht bildet einen kompletten, sättigenden Hauptgang. Bereiten Sie den Couscous in einem Dämpfeinsatz über dem Gemüse zu – so wird er noch aromatischer, und Sie sparen Energie. Dieses Gericht ist auch für Veganer geeignet.*

## ZUTATEN

**3 EL Olivenöl**
**1 Zwiebel, in Spalten**
**2 Kartoffeln, in großen Stücken**
**2 Karotten, in großen Stücken**
**2 Pastinaken, in großen Stücken**
**2 Steckrüben, in großen Stücken**
**1 Süßkartoffel, in großen Stücken**
**2 Knoblauchzehen, fein gehackt**
**1 TL gemahlener Koriander**
**1 TL gemahlener Kreuzkümmel**
**½ TL Kurkuma**
**½ TL gemahlener Ingwer**
**½ TL Zimt**
**1 Msp. Safranfäden**
**1 EL Tomatenmark**
**425 ml Gemüsebrühe (siehe Seite 13)**
**300 g Ful Medames (braune dicke Bohnen) aus der Dose, abgespült und abgetropft**
**50 g Rosinen**
**3 EL frisch gehackter Koriander**
**Salz und Pfeffer**
**350 g Couscous**
**Chilisauce, zum Servieren**

### NÄHRWERTANGABEN

| | |
|---|---|
| Kilokalorien | 539 |
| Eiweiß | 16 g |
| Kohlenhydrate | 101 g |
| Zucker | 27 g |
| Fett | 11 g |
| davon gesättigt | 1 g |

### Variation

Ersetzen Sie Karotten, Pastinaken, Steckrüben oder Süßkartoffel durch anderes Gemüse. Wurzelgemüse ist allerdings am aromatischsten.

1

2

3

### Tipp

Wenn man den Dämpfeinsatz mit einem sauberen Stück Musselintuch auslegt, können die feinen Couscouskörner beim Kochen nicht durch die Löcher fallen.

1 Das Öl in einem großen Topf erhitzen. Die Zwiebel hineingeben und unter gelegentlichem Rühren 5 Minuten dünsten. Kartoffeln, Karotten, Pastinaken, Steckrüben und Süßkartoffel zugeben und unter Rühren 5 Minuten dünsten.

2 Knoblauch, gemahlenen Koriander, Kreuzkümmel, Kurkuma, Ingwer, Zimt und Safran zugeben und unter ständigem Rühren 1 Minute andünsten. Das Tomatenmark zugeben und die Brühe zugießen. Ful Medames, Rosinen und frischen Koriander unterrühren, nach Belieben mit Salz und Pfeffer abschmecken und aufkochen. Dann die Hitze reduzieren.

3 Den Couscous in ein Sieb geben und unter fließend kaltem Wasser abspülen. Einen Dämpfeinsatz mit Musselintuch auslegen und den Cousous hineingeben. Den Dämpfeinsatz auf den Topf mit der Gemüsemischung setzen. Abdecken und 20 Minuten köcheln lassen. Den Couscous in eine vorgewärmte Servierschüssel geben und mit dem Gemüse bedecken. Mit der Chilisauce servieren.

# Gemüse-Chili

**Garzeit: 1 Std. 15 Min.** **Vorbereitung: 10 Min.** **Für 4 Personen**

*Dieses herzhafte und aromatische Gericht können Sie als Eintopf servieren. Oder Sie richten das Gemüse auf gegartem Reis oder gebackenen Kartoffeln an und zaubern so im Handumdrehen ein sättigendes Mahl.*

| NÄHRWERTANGABEN | |
|---|---|
| Kilokalorien | 213 |
| Eiweiß | 12 g |
| Kohlenhydrate | 21 g |
| Zucker | 11 g |
| Fett | 10 g |
| davon gesättigt | 5 g |

### ZUTATEN

**1 Aubergine, in dicken Scheiben**
**1 EL Olivenöl, plus etwas mehr zum Einfetten**
**1 große rote Zwiebel, fein gehackt**
**2 rote Paprika, entkernt und fein gewürfelt**
**3–4 Knoblauchzehen, zerdrückt**
**800 g gehackte Tomaten aus der Dose**
**1 EL mildes Chilipulver**
**½ TL gemahlener Kreuzkümmel**
**½ TL getrockneter Oregano**
**Salz und Pfeffer**
**2 kleine Zucchini, in Würfeln**
**400 g Kidneybohnen aus der Dose, abgespült und abgetropft**
**450 ml Wasser**
**1 EL Tomatenmark**
**6 Frühlingszwiebeln, in dünnen Ringen**
**100 g Gouda, gerieben**

### Variation

Ersetzen Sie die roten Paprika durch gelbe, und schälen Sie die Auberginen, bevor Sie sie in Scheiben schneiden.

1 Die Auberginenscheiben auf einer Seite mit Öl einpinseln. Die Hälfte des Öls in einer gusseisernen Pfanne bei mittlerer Hitze erwärmen. Die Auberginenscheiben mit der eingefetteten Seite nach oben in die Pfanne legen und 5–6 Minuten anbraten. Wenden und auch die zweite Seite anbraten, bis sie braun sind. Auf einen Teller legen und in mundgerechte Stücke schneiden.

2 Das restliche Öl in einem großen Topf bei mittlerer Hitze erwärmen. Zwiebel und Paprika zugeben und unter Rühren 3–4 Minuten glasig dünsten.

3 Knoblauch zufügen und weitere 2–3 Minuten dünsten.

4 Tomaten, Chilipulver, Kreuzkümmel und Oregano einrühren. Mit Salz und Pfeffer abschmecken und aufkochen. Dann die Hitze reduzieren und 15 Minuten köcheln lassen.

5 Zucchini, Auberginen und Kidneybohnen zugeben. Wasser und Tomatenmark einrühren. Noch einmal aufkochen. Dann abdecken und 45 Minuten köcheln lassen. Abschmecken. Mit Frühlingszwiebeln und Käse garniert in einer vorgewärmten Schüssel servieren.

### Tipp

Sie können das Gericht ganz nach Belieben auch etwas pikanter zubereiten. Fügen Sie in Schritt 5 etwas Chilipulver zu.

# Käse-Tomaten-Auflauf

**Für 4 Personen** **Vorbereitung: 15 Min.** **Garzeit: 40 Min.**

*Mit einem gemischten Blattsalat und einigen frischen Brötchen ergibt diese saftige, von einem knusprigen Überzug bedeckte Gemüsemischung ein gehaltvolles Abendessen für die ganze Familie.*

**ZUTATEN**

**2 EL Olivenöl**
**2 Zwiebeln, in Ringen**
**1 Knoblauchzehe, fein gehackt**
**350 g Zucchini, in Scheiben**
**1 TL frisch gehackter Thymian**
**1 EL frische Basilikumblätter**
**Salz und Pfeffer**
**4 Fleischtomaten, gehäutet und in Scheiben**
**½ Portion Käsesauce (siehe Seite 90), mit Gouda zubereitet**
**50 g Gouda, gerieben**

| NÄHRWERTANGABEN | |
|---|---|
| Kilokalorien | 324 |
| Eiweiß | 14 g |
| Kohlenhydrate | 19 g |
| Zucker | 10 g |
| Fett | 22 g |
| davon gesättigt | 11 g |

**Tipp**

Fleischtomaten eignen sich für Aufläufe mit mehreren Schichten besser als normale Tomaten, da sie beim Backen ihre Form und Konsistenz behalten. Wählen Sie feste, frisch duftende Tomaten aus.

1 Den Ofen auf 180 °C vorheizen. Das Olivenöl in einer Pfanne erhitzen. Die Zwiebeln hineingeben und unter gelegentlichem Rühren 5 Minuten weich dünsten. Knoblauch, Zucchinischeiben, Thymian und Basilikumblätter zugeben und alles nach Belieben mit Salz und Pfeffer abschmecken. Unter gelegentlichem Rühren 5 Minuten dünsten.

2 Die Hälfte der Zwiebel-Zucchini-Mischung in eine große Auflaufform löffeln. Die Tomatenscheiben darauf verteilen, mit dem Rest der Zwiebel-Zucchini-Mischung bedecken und alles mit der Käsesauce übergießen.

3 Den geriebenen Käse gleichmäßig auf dem Gemüse verteilen. Im Ofen 30 Minuten backen, bis der Überzug goldbraun und knusprig ist, dann servieren.

# Chinesisches Schmorgemüse

**Garzeit: 10 Min.**

**Vorbereitung: 10 Min., plus 20 Min. Einweichzeit**

**Für 4 Personen**

*Ein schnell zubereitetes, schmackhaftes Gericht: Das Gemüse wird zunächst pfannengerührt und zum Abschluss kurz geschmort. Dieses Gericht ist auch für Veganer eine Köstlichkeit.*

| NÄHRWERTANGABEN | |
|---|---|
| Kilokalorien | 190 |
| Eiweiß | 12 g |
| Kohlenhydrate | 7 g |
| Zucker | 2 g |
| Fett | 13 g |
| davon gesättigt | 4 g |

**ZUTATEN**

**10 g getrocknete chinesische Pilze**
**3 EL Erdnuss- oder Sonnenblumenöl**
**250 g fester Tofu, gewürfelt**
**175 g Chinakohl, klein geschnitten**
**90 g klein geschnittene Bambussprossen aus der Dose, abgespült und abgetropft**
**90 g Strohpilze, halbiert**
**90 g Zuckererbsen**
**½ TL brauner Zucker**
**1 EL dunkle Sojasauce**
**1 Schuss Sesamöl**

1 Die getrockneten chinesischen Pilze in einer kleinen Schüssel mit kaltem Wasser bedecken und 20 Minuten einweichen. Abtropfen lassen, dann alle harten Stiele entfernen und wegwerfen.

2 Das Öl im vorgewärmten Wok erhitzen. Die Tofuwürfel hineingeben und 2–4 Minuten pfannenrühren, bis sie angebräunt sind. Mit einem Schaumlöffel aus dem Wok nehmen und beiseite stellen.

3 Chinesische Pilze, Chinakohl, Bambussprossen, Strohpilze und Zuckererbsen in den Wok geben und 2 Minuten pfannenrühren. Die Tofuwürfel zurück in den Wok geben, dann Zucker und Sojasauce zugeben. Alles 1 Minute verrühren, abdecken und 3 Minuten schmoren. Vor dem Servieren mit etwas Sesamöl beträufeln.

**Tipp**

Tofu wird aus Sojabohnen hergestellt und ist in verschiedenen Formen erhältlich. Fester, marinierter oder geräucherter Tofu eignen sich gleichermaßen zum Pfannenrühren.

# Italienischer Gemüsetopf

**Für 4 Personen** **Vorbereitung: 30 Min.** **Garzeit: 35–40 Min.**

*Trotz der gewaltigen Zutatenliste ist dieser schmackhafte Eintopf leicht zuzubereiten. Er schmeckt auch Veganern.*

## ZUTATEN

**1 rote Zwiebel, in Ringen**
**2 Porreestangen, klein geschnitten**
**4 Knoblauchzehen, fein gehackt**
**1 Aubergine, in Scheiben**
**1 kleiner Eichelkürbis, gewürfelt**
**1 kleiner Knollensellerie, gewürfelt**
**2 Steckrüben, in Scheiben**
**2 Eiertomaten, gewürfelt**
**1 Karotte, klein geschnitten**
**1 Zucchini, in Scheiben**
**2 rote Paprika, entkernt und in Streifen**
**1 Fenchelknolle, in Scheiben**
**200 g Mangold oder Spinat, gehackt**
**2 Lorbeerblätter**
**½ TL Fenchelsamen**
**½ TL Chilipulver**
**1 Prise getrockneter Thymian**
**1 Prise getrockneter Oregano**
**1 Prise Zucker**
**125 ml natives Olivenöl extra**
**250 ml Gemüsebrühe (siehe Seite 13)**
**25 g frische Basilikumblätter, zerkleinert**
**4 EL frisch gehackte Petersilie**
**Salz und Pfeffer**
**2 EL frisch geriebener Parmesan, zum Servieren (nach Belieben)**

| NÄHRWERTANGABEN | |
|---|---|
| Kilokalorien | 307 |
| Eiweiß | 5 g |
| Kohlenhydrate | 20 g |
| Zucker | 13 g |
| Fett | 24 g |
| davon gesättigt | 3 g |

### Variation

Sie können für diesen Eintopf auch andere typisch italienische Gemüsesorten verwenden, z. B. Butternut-Kürbis, Kardone, Schwarzkohl, Kürbis und Spinat.

1

2

3

### Tipp

Wenn unter den Zutaten keine Hülsenfrüchte, Nüsse oder Getreidekörner sind, ist es sinnvoll, Gemüsegerichte durch ein wenig Käse als Eiweißträger zu ergänzen.

1. Zwiebel, Porree, Knoblauch, Aubergine, Eichelkürbis, Sellerie, Steckrüben, Tomaten, Karotte, Zucchini, Paprika, Fenchel, Mangold, Lorbeerblätter, Fenchelsamen, Chilipulver, Thymian, Oregano, Zucker, Olivenöl, Brühe und die Hälfte der Basilikumblätter in einen großen Topf geben. Alles vermengen und aufkochen.
2. Die Hitze reduzieren, abdecken und ca. 30 Minuten köcheln, bis das Gemüse gar ist.
3. Das restliche Basilikum und die Petersilie auf dem Gemüse verteilen. Mit Salz und Pfeffer abschmecken, mit Parmesan bestreuen und servieren.

# Gemüseauflauf mit Streuseln

**Garzeit: 40 Min.** **Vorbereitung: 15 Min.** **Für 4 Personen**

| NÄHRWERTANGABEN | |
|---|---|
| Kilokalorien | 523 |
| Eiweiß | 21 g |
| Kohlenhydrate | 45 g |
| Zucker | 14 g |
| Fett | 30 g |
| davon gesättigt | 13 g |

### Variation

Einen zusätzlichen Farbton erhält man, indem man die Hälfte des Blumenkohls zu Beginn von Schritt 1 durch frischen grünen Brokkoli ersetzt.

*Bei diesem beliebten Auflauf kontrastiert eine knusprige Kruste mit der darunter verborgenen sahnigen Mischung aus Gemüse, frischen Kräutern und Käsesauce.*

### ZUTATEN

**1 Blumenkohl, in Röschen zerteilt**
**Salz und Pfeffer**
**2 EL Sonnenblumenöl**
**25 g Mehl**
**350 ml Milch**
**325 g Maiskörner aus der Dose, abgetropft**
**2 EL frisch gehackte Petersilie**
**1 TL frisch gehackter Thymian**
**140 g Gouda, gerieben**

STREUSEL

**50 g Vollkornmehl**
**25 g Butter**
**25 g Haferflocken**
**25 g blanchierte Mandeln, gehackt**

1

2

3

### Tipp

Bei der Zubereitung einer weißen Sauce (Schritt 1) ist darauf zu achten, dass die Mehl-Öl-Mischung vor Zugabe der Milch glatt gerührt ist. Die Milch in kleinen Mengen zugeben, damit sich keine Klumpen bilden.

1 Den Ofen auf 190 °C vorheizen. Den Blumenkohl in einem Topf mit leicht gesalzenem, kochendem Wasser 5 Minuten garen. Gut abtropfen lassen und den Kochsud beiseite stellen. Das Öl in einem Topf erhitzen. Das Mehl einrühren und unter ständigem Rühren 1 Minute anschwitzen. Den Topf vom Herd nehmen und portionsweise Milch und 150 ml des beiseite gestellten Kochsuds unterrühren. Den Topf wieder auf den Herd stellen. Unter ständigem Rühren aufkochen. 3 Minuten unter Rühren eindicken lassen. Den Topf vom Herd nehmen.

2 Mais, Petersilie, Thymian und die Hälfte des Käses unterrühren. Nach Belieben mit Salz und Pfeffer abschmecken. Den Blumenkohl unterheben und die Mischung in eine Auflaufform löffeln.

3 Für die Streusel das Mehl in eine Schüssel geben und die Butter mit den Fingerspitzen hineinreiben, bis sich eine krümelige Masse ergibt. Haferflocken und Mandeln unterrühren, den restlichen Käse zugeben und die Mischung gleichmäßig auf dem Gemüse verteilen. Im Ofen 30 Minuten backen. Sofort servieren.

# Gratin mit Mischgemüse

**Für 6 Personen** **Vorbereitung: 15 Min.** **Garzeit: 1 Std. 15 Min.**

*Eine Kruste aus italienischem Pecorino macht diesen Auflauf zu einem besonderen Geschmackserlebnis und bildet die ideale Ergänzung zum herzhaften Gemüse darunter.*

**ZUTATEN**

**2 Pastinaken, in Scheiben**
**2 EL Olivenöl**
**1 Aubergine, gewürfelt**
**1 Knoblauchzehe, fein gehackt**
**2 TL frisch gehackter Thymian**
**Salz**
**10 g Butter**
**2 Schalotten, gehackt**
**4 Artischockenherzen aus der Dose, abgetropft**
**4 Sellerieherzen, in Scheiben**
**50 g Emmentaler, gerieben**
**50 g frisch geriebener Pecorino**

| NÄHRWERTANGABEN | |
|---|---|
| Kilokalorien | 150 |
| Eiweiß | 7 g |
| Kohlenhydrate | 8 g |
| Zucker | 4 g |
| Fett | 12 g |
| davon gesättigt | 5 g |

**Tipp**

Das Sellerieherz ist der untere Teil des Selleriestängels. Die Selleriestücke in lauwarmem Wasser waschen.

1 Den Ofen auf 180 °C vorheizen. Die Pastinaken 4 Minuten über einem Topf mit köchelndem Wasser dämpfen, bis sie fast gar sind. Abtropfen und abkühlen lassen.

2 Das Öl in einer Pfanne erhitzen. Die Auberginenwürfel hineingeben und unter häufigem Rühren 5 Minuten anbraten. Knoblauch und Thymian zugeben, nach Belieben salzen und weitere 3 Minuten garen. Die Auberginenmischung mit einem Schaumlöffel in eine große Schüssel geben. Die Butter in der Pfanne schmelzen, die Schalotten und 1 Prise Salz zugeben. Bei sehr geringer Hitze unter gelegentlichem Rühren 7–10 Minuten dünsten.

3 Schalotten und Auberginenmischung in einer Auflaufform vermengen. Die Artischockenherzen achteln und mit Pastinaken, Sellerieherzen, Emmentaler und der Hälfte des Pecorino zur Mischung geben. Alles vermengen und mit dem restlichen Pecorino bestreuen. 45 Minuten im Ofen backen. Servieren.

# Kichererbseneintopf

**Garzeit: 2 Std. 30 Min.** **Vorbereitung: 15 Min.** **Für 4 Personen**

*Ein preiswertes, schnell zubereitetes Gericht mit hohem Nährgehalt, das außerdem einfach wunderbar schmeckt. Es eignet sich auch für Veganer.*

| NÄHRWERTANGABEN | |
|---|---|
| Kilokalorien | 438 |
| Eiweiß | 19 g |
| Kohlenhydrate | 66 g |
| Zucker | 15 g |
| Fett | 13 g |
| davon gesättigt | 2 g |

**ZUTATEN**

**225 g getrocknete Kichererbsen, über Nacht eingeweicht**
**3 EL Olivenöl**
**1 große Zwiebel, in Ringen**
**2 Knoblauchzehen, fein gehackt**
**2 Porreestangen, klein geschnitten**
**175 g Karotten, klein geschnitten**
**4 Steckrüben, in Scheiben**
**4 Selleriestangen, klein geschnitten**
**100 g Bulgur**
**400 g gehackte Tomaten aus der Dose**
**2 El Schnittlauchröllchen, plus etwas mehr zum Garnieren**
**Salz und Pfeffer**

**Tipp**

Beim Garen der Kichererbsen sollte man den Wasserstand regelmäßig prüfen und dabei kochendes Wasser zur Hand haben, um bei Bedarf Wasser nachzugießen.

1 Die Kichererbsen abtropfen lassen und in einen Topf geben. Mit Wasser bedecken, aufkochen und 1½ Stunden köcheln lassen.

2 Inzwischen das Öl in einem großen Topf erhitzen. Die Zwiebel hineingeben und unter Rühren 5 Minuten weich dünsten. Knoblauch, Porree, Karotten, Steckrüben und Selleriestangen zugeben und unter gelegentlichem Rühren 5 Minuten dünsten. Bulgur, Tomaten und Schnittlauch unterrühren. Nach Belieben mit Salz und Pfeffer abschmecken, dann aufkochen. Die Mischung in eine feuerfeste Puddingform geben, mit Alufolie abdecken und beiseite stellen.

3 Einen Dämpfeinsatz auf den Topf mit den Kichererbsen setzen. Die Puddingform hineinstellen, fest abdichten und weitere 40 Minuten garen. Dann die Puddingform aus dem Dämpfeinsatz nehmen. Die Kichererbsen abtropfen lassen und unter die Gemüse-Bulgur-Mischung rühren. In eine vorgewärmte Servierschüssel geben, mit Schnittlauch garnieren und sofort servieren.

# Vegetarische Lasagne

**Für 4 Personen** **Vorbereitung: 45 Min.** **Garzeit: 40 Min.**

*Ein Gericht aus überbackenen Pasta-, Tomaten- und Pilzschichten mit Käsesauce, das ein sättigendes und farbenfrohes Abendessen ergibt. Am besten reicht man dazu Salat und knuspriges Brot.*

## ZUTATEN

**40 g getrocknete Steinpilze**
**2 EL Olivenöl**
**1 Zwiebel, fein gehackt**
**400 g gehackte Tomaten aus der Dose**
**Salz und Pfeffer**
**50 g Butter, plus etwas mehr zum Einfetten**
**450 g kleine Champignons, in dünnen Scheiben**
**1 Knoblauchzehe, fein gehackt**
**1 EL Zitronensaft**
**½ TL Dijon-Senf**
**¾ Portion Käsesauce (siehe Seite 90), mit Gouda zubereitet**
**6 Lasagneblätter**
**50 g frisch geriebener Parmesan**

| NÄHRWERTANGABEN | |
|---|---|
| Kilokalorien | 628 |
| Eiweiß | 24 g |
| Kohlenhydrate | 43 g |
| Zucker | 11 g |
| Fett | 41 g |
| davon gesättigt | 23 g |

### Variation

Der frisch geriebene Parmesan in Schritt 3 kann nach Belieben auch durch geriebenen Gouda ersetzt werden.

1

2

3

### Tipp

Um eine andere Konsistenz des Belags zu erhalten, kann man statt des geriebenen Käses auch mit einem Gemüseschäler abgelöste dünne Parmesanstreifen verwenden.

**1** Den Ofen auf 200 °C vorheizen. Die Steinpilze in einer kleinen Schüssel mit kochendem Wasser übergießen und 30 Minuten einweichen. Inzwischen das Öl in einer Pfanne erhitzen. Die Zwiebel hineingeben und unter gelegentlichem Rühren 5 Minuten weich dünsten. Die Tomaten zugeben und unter häufigem Rühren 7–8 Minuten dünsten. Mit Salz und Pfeffer abschmecken und beiseite stellen.

**2** Die Steinpilze abtropfen lassen und in Scheiben schneiden. Die Hälfte der Butter in einer großen Pfanne zerlassen. Champignons und Steinpilze hineingeben und andünsten, bis sie zu schwitzen beginnen. Knoblauch und Zitronensaft zugeben. Nach Belieben mit Salz und Pfeffer abschmecken. Bei geringer Hitze unter gelegentlichem Rühren garen, bis fast die gesamte Flüssigkeit verdampft ist.

**3** Eine Auflaufform leicht mit Butter ausstreichen. Den Senf in die Käsesauce einrühren, dann etwas Sauce auf dem Boden der Form verteilen. Eine Lasagneschicht darüber legen und mit den Pilzen, einer weiteren Schicht Sauce, einer weiteren Lasagneschicht, der Tomatenmischung und schließlich einer weiteren Schicht Sauce bedecken. Mit dem Parmesan bestreuen und die restliche Butter in Flocken darauf verteilen. Im Ofen 20 Minuten backen. Vor dem Servieren kurz ruhen lassen.

# Artischockenherzen-Soufflé

**Für 4 Personen** **Vorbereitung: 20 Min.** **Garzeit: 40 Min.**

*Dieses exquisite Gericht eignet sich hervorragend zur Bewirtung von Gästen. Damit es richtig zur Geltung kommt, sollte es serviert werden, sobald es aus dem Ofen kommt.*

**ZUTATEN**

**50 g Butter, plus etwas mehr zum Einfetten**
**50 g Mehl**
**300 ml Milch**
**1 Prise frisch geriebene Muskatnuss**
**Salz und Pfeffer**
**2 EL Schlagsahne**
**50 g Emmentaler, gerieben**
**6 Artischockenherzen aus der Dose, abgetropft und zerdrückt**
**4 Eigelb**
**5 Eiweiß**

| NÄHRWERTANGABEN | |
|---|---|
| Kilokalorien | 350 |
| Eiweiß | 18 g |
| Kohlenhydrate | 18 g |
| Zucker | 6 g |
| Fett | 24 g |
| davon gesättigt | 13 g |

2

3

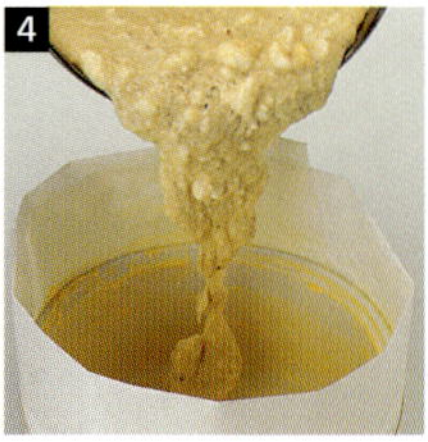
4

**Variation**

Wenn Sie den Porree durch ein Bund gehackte Frühlingszwiebeln ersetzen, erhält die Füllung einen würzigeren Geschmack.

1 Den Ofen auf 190 °C vorheizen. Eine Soufflé-Form (2 l Inhalt) mit Butter ausstreichen und einen doppelten Streifen Backpapier so um die Form wickeln, dass er ihren Rand um 5 cm überragt.

2 Die Butter in einem großen Topf zerlassen. Das Mehl hineingeben und unter ständigem Rühren 2 Minuten anschwitzen. Vom Herd nehmen und portionsweise die Milch unterrühren. Wieder auf den Herd stellen, aufkochen und unter ständigem Rühren 2 Minuten eindicken und glatt rühren. Vom Herd nehmen und mit Muskatnuss, Salz und Pfeffer abschmecken. Dann Sahne, Käse und Artischockenherzen unterrühren. Die Eigelb einzeln unterrühren.

3 Das Eiweiß in einer fettfreien Schüssel steif schlagen. Zur Auflockerung zunächst 2 Esslöffel des Eiweißes unter die Artischockenmasse heben, dann vorsichtig den Rest unterheben.

4 Die Mischung behutsam in die vorbereitete Soufflé-Form gießen und im Ofen 35 Minuten backen, bis das Soufflé richtig aufgegangen und an der Oberfläche goldgelb ist. Sofort servieren.

# Pastete mit Schalotten und Pilzen

**Garzeit: 1 Std. 30 Min.** **Vorbereitung: 25 Min., plus 45 Min. Kühlzeit** **Für 6 Personen**

*Ein ausgezeichneter Hauptgang für ein festliches Abendessen – gehaltvoll und sättigend. Der Belag aus „zerknülltem" Filo-Teig sieht ausgesprochen appetitlich aus.*

| NÄHRWERTANGABEN | |
|---|---|
| Kilokalorien | 439 |
| Eiweiß | 18 g |
| Kohlenhydrate | 75 g |
| Zucker | 2 g |
| Fett | 9 g |
| davon gesättigt | 4 g |

**ZUTATEN**

**175 g Puy-Linsen oder braune Linsen**
**2 Lorbeerblätter**
**6 Schalotten, in Ringen**
**1,2 l Gemüsebrühe (siehe Seite 13)**
**Salz und Pfeffer**
**50 g Butter**
**225 g Langkornreis**
**8 Blätter Filo-Teig**
**2 EL frisch gehackte Petersilie**
**2 TL frischer Fenchel oder Bohnenkraut, gehackt**
**4 Eier, 1 verquirlt und 3 hart gekocht und in Scheiben**
**225 g Wiesenchampignons, in Scheiben**

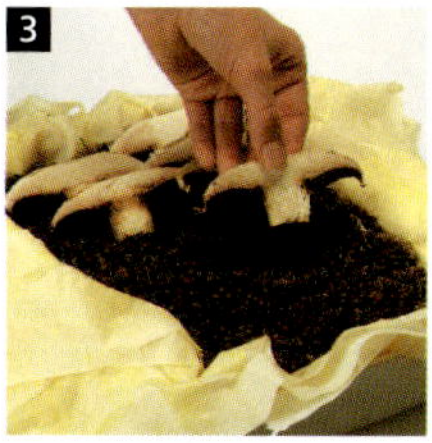

**Tipp**

Achten Sie darauf, dass die Linsen- und die Reismischung abgekühlt sind, bevor sie in der Teighülle aufgeschichtet werden, da die Pastete vor dem Backen gekühlt werden muss.

1 Den Ofen auf 190 °C vorheizen. Linsen, Lorbeerblätter und die Hälfte der Schalotten in einen großen Topf geben. Die Hälfte der Brühe zugießen, aufkochen und 25 Minuten köcheln lassen, bis die Linsen gar sind. Vom Herd nehmen, nach Belieben mit Salz und Pfeffer abschmecken und vollständig abkühlen lassen.

2 Die Hälfte der Butter in einem Topf zerlassen, dann den Rest der Schalotten hineingeben und unter gelegentlichem Rühren 5 Minuten weich dünsten. Den Reis zugeben und unter ständigem Rühren 1 Minute andünsten, dann die restliche Brühe zugießen. Mit Salz und Pfeffer abschmecken und aufkochen. Die Hitze reduzieren, abdecken und 15 Minuten köcheln. Den Topf vom Herd nehmen und vollständig abkühlen lassen.

3 Den Rest der Butter bei geringer Hitze zerlassen. Eine Auflaufform mit etwas Butter ausstreichen. Die Filo-Blätter so in die Form legen, dass sie am Rand überhängen (damit wird die Pastete abgedeckt), und jedes Blatt mit zerlassener Butter bestreichen. Petersilie und Fenchel zur Reismischung geben und das verquirlte Ei unterrühren. Reis, Eier, Linsen und Pilze in die Form schichten und jede Schicht würzen. Die Filo-Blätter über die Füllung klappen und mit zerlassener Butter bestreichen. 15 Minuten kalt stellen, dann 45 Minuten im Ofen backen. Vor dem Servieren 10 Minuten stehen lassen.

# Vegetarische Moussaka

**Garzeit: 1 Std.** **Vorbereitung: 30 Min.** **Für 4 Personen**

| NÄHRWERTANGABEN | |
|---|---|
| Kilokalorien | 490 |
| Eiweiß | 18 g |
| Kohlenhydrate | 27 g |
| Zucker | 11 g |
| Fett | 35 g |
| davon gesättigt | 11 g |

### Variation

Die traditionelle Version dieses Gerichts bereitet man statt mit Linsen mit 350 g gehacktem Lammfleisch zu, das 10 Min. mit den Zwiebeln angebräunt wird.

*Für diese Version des griechischen Gerichts werden grüne Linsen statt des Lammhacks verwendet, aber die oberste Schicht besteht ganz traditionell aus gebratenen Auberginen und etwas Parmesan.*

## ZUTATEN

**ca. 125 ml Olivenöl**
**1 Zwiebel, gehackt**
**4 Selleriestangen, klein geschnitten**
**1 Knoblauchzehe, fein gehackt**
**400 g gehackte Tomaten aus der Dose**
**300 g grüne Linsen aus der Dose**
**2 EL frisch gehackte Petersilie**
**Salz und Pfeffer**
**1 große Aubergine, in Scheiben**

BELAG

**25 g Butter**
**25 g Mehl**
**300 ml Milch**
**1 Prise frisch geriebene Muskatnuss**
**1 Ei**
**50 g frisch geriebener Parmesan**

### Tipp

Damit die Auberginen beim Braten nicht zu viel Öl aufsaugen, legt man die Scheiben zuvor in einen Durchschlag, bestreut sie mit etwas Salz und lässt sie so 20 Minuten stehen, damit ihnen die Flüssigkeit entzogen wird.

1 Den Ofen auf 180 °C vorheizen. 1 Esslöffel Öl in einer Pfanne erhitzen. Die Zwiebel hineingeben und unter gelegentlichem Rühren 5 Minuten weich dünsten. Sellerie, Knoblauch, Tomaten mit Dosenflüssigkeit, Linsen mit Dosenflüssigkeit und Petersilie zugeben. Nach Belieben mit Salz und Pfeffer abschmecken. Abdecken und 15 Minuten köcheln lassen, bis die Mischung eingedickt ist.

2 Inzwischen ein wenig des restlichen Öls in einer großen Pfanne erhitzen. Die Auberginenscheiben hineingeben und von beiden Seiten goldbraun braten, dabei nach Bedarf noch Öl zugeben. Aus der Pfanne nehmen und auf Küchenpapier abtropfen lassen. Linsen-Tomaten-Mischung und Auberginenscheiben schichtweise so in eine Auflaufform geben, dass eine Lage Auberginenscheiben oben liegt.

3 Für den Belag Butter, Mehl und Milch in einem Topf bei geringer Hitze unter ständigem Rühren aufkochen. Mit Muskatnuss, Salz und Pfeffer abschmecken. Den Topf vom Herd nehmen, etwas abkühlen lassen und dann das Ei unterrühren. Die Sauce über die Auberginenscheiben gießen und den Parmesan darüber streuen. 30–40 Minuten im Ofen goldbraun backen.

# Gemüse-Tofu-Strudel

**Für 4 Personen** **Vorbereitung: 30 Min.** **Garzeit: 30 Min.**

*Mit diesem Strudel können Sie nicht nur Ihre Freunde beeindrucken, sondern auch bei festlichen Anlässen glänzen.*

**ZUTATEN**

**2 EL zerlassene Butter**
**2 EL Sonnenblumenöl**
**2 EL Butter**
**150 g Kartoffeln, fein gewürfelt**
**1 Porreestange, klein geschnitten**
**2 Knoblauchzehen, zerdrückt**
**1 TL Garam masala**
**½ TL Chilipulver**
**½ TL gemahlene Kurkuma**
**50 g Okras, in Scheiben**
**100 g Champignons, geviertelt**
**2 Tomaten, gewürfelt**
**250 g Tofu, gewürfelt**
**Salz und Pfeffer**
**12 Blätter Filo-Teig**

| NÄHRWERTANGABEN | |
|---|---|
| Kilokalorien | 485 |
| Eiweiß | 16 g |
| Kohlenhydrate | 47 g |
| Zucker | 5 g |
| Fett | 27 g |
| davon gesättigt | 5 g |

2

2

2

1 Den Ofen auf 190 °C vorheizen. Für die Füllung Öl und Butter in einer Pfanne erhitzen. Kartoffeln und Porree zugeben und unter ständigem Rühren 2–3 Minuten anbraten. Knoblauch und Gewürze, Okras, Champignons, Tomaten und Tofu zufügen und mit Salz und Pfeffer abschmecken. 5–7 Minuten kochen, bis alles weich ist.

2 Filo-Teig auf der Arbeitsfläche auslegen und jedes Blatt mit zerlassener Butter bestreichen. Jeweils 3 Blätter aufeinander legen, sodass 4 Blätterstapel entstehen. Ein Viertel der Füllung jeweils in die Mitte eines Stapels geben und die Ränder mit zerlassener Butter bestreichen. Die kurzen Ränder einschlagen und die Blätter der Länge nach in Zigarrenform aufrollen. Die Außenseite mit zerlassener Butter bestreichen. Die Strudel auf ein eingefettetes Backblech legen.

3 Im Ofen ca. 20 Minuten backen, bis die Strudel goldbraun und knusprig sind. Auf einer Servierplatte anrichten und sofort servieren.

### Variation

Wenn Sie den Porree durch ein Bund gehackte Frühlingszwiebeln ersetzen, erhält die Füllung einen würzigen Geschmack und wird knuspriger.

# Gemüsetaschen

**Garzeit: 45 Min.**

**Vorbereitung: 20 Min., plus 1 Std. Kühlzeit**

**Für 4 Personen**

*Diese knusprigen Teigtaschen können als Vorspeise oder zusammen mit einem Kartoffelsalat als Hauptgericht serviert werden.*

| NÄHRWERTANGABEN | |
|---|---|
| Kilokalorien | 410 |
| Eiweiß | 14 g |
| Kohlenhydrate | 45 g |
| Zucker | 4 g |
| Fett | 19 g |
| davon gesättigt | 11 g |

**ZUTATEN**

**50 g Butter**

**1 EL Sonnenblumenöl**

**4 Porreestangen, in Ringen**

**2 Zwiebeln, gehackt**

**1 Knoblauchzehe, fein gehackt**

**2 TL frisch gehackter Thymian**

**Salz und Pfeffer**

**2 EL Schlagsahne**

**140 g Gruyère oder Emmentaler, gerieben**

**12 Blätter Filo-Teig**

### Tipp

Garnieren Sie die Gemüsetaschen vor dem Backen mit kleinen Filo-Teig-Stücken. Das ergibt einen schönen, dekorativen Effekt.

1 Den Ofen auf 180 °C vorheizen. Die Hälfte der Butter und das Öl in einer großen Pfanne erhitzen. Porree, Zwiebeln, Knoblauch und Thymian zugeben und mit Salz und Pfeffer abschmecken. 10 Minuten unter häufigem Rühren dünsten. Die Sahne zugießen und weitere 2–3 Minuten kochen, bis die Flüssigkeit aufgesogen ist. Das Gemüse vom Herd nehmen, kurz abkühlen lassen und den Käse untermengen. Dann das Gemüse mit Frischhaltefolie abdecken und 30 Minuten in den Kühlschrank stellen.

2 Die restliche Butter zerlassen und ein Backblech leicht einfetten. Zwei Blätter Filo-Teig mit Butter bestreichen und aufeinander legen. Einen gehäuften Löffel der erkalteten Porreemischung auf eine Teighälfte geben. Die andere Teighälfte über die Füllung legen, die Seiten darüber klappen und eine Tasche formen. Das Päckchen mit der Nahtseite nach unten auf das Blech legen und weitere 5 Taschen vorbereiten.

3 Die fertigen Teigtaschen mit der restlichen Butter bestreichen und 30 Minuten im Backofen goldbraun und knusprig backen. Dann sofort servieren.

# Pilz-Gougère

**Für 4 Personen**

**Vorbereitung: 20 Min., plus 10 Min. Kühlzeit**

**Garzeit: 1 Std.**

*Eine Gougère ist ein pikanter Kuchen aus leichtem Brandteig – in der Regel mit Käsearoma. Man kann ihn warm oder kalt servieren und daher auch sehr gut im Voraus zubereiten.*

## ZUTATEN

**BRANDTEIG**

**70 g Mehl (Type 550)**
**1 Prise Salz**
**50 g Butter, plus etwas mehr zum Einfetten**
**150 ml Wasser**
**2 Eier**
**50 g Emmentaler, gerieben**

**FÜLLUNG**

**2 EL Olivenöl**
**1 Zwiebel, gehackt**
**250 g Waldchampignons, in Scheiben**
**2 Knoblauchzehen, fein gehackt**
**1 EL Mehl**
**150 ml Gemüsebrühe (siehe Seite 13)**
**85 g Walnüsse, gehackt**
**2 EL frisch gehackte Petersilie**
**Salz und Pfeffer**

### NÄHRWERTANGABEN

| | |
|---|---|
| Kilokalorien | 490 |
| Eiweiß | 14 g |
| Kohlenhydrate | 21 g |
| Zucker | 3 g |
| Fett | 39 g |
| davon gesättigt | 13 g |

### Variation

Falls Sie noch Zuchtchampignons vorrätig haben, können Sie diese anstelle der Waldchampignons verwenden, solange sie sich noch fest anfühlen.

### Tipp

Bei der Zubereitung des Brandteigs sollten Sie das Mehl griffbereit haben, um es im richtigen Moment auf einmal zugeben zu können; andernfalls gelingt der Teig nicht.

1 Den Ofen auf 200 °C vorheizen. Für den Teig Mehl und Salz auf ein Blatt Backpapier sieben. Butter und Wasser in einem Topf erhitzen, bis die Butter schmilzt, nicht aufkochen. Das gesamte Mehl auf einmal zugeben und die Mischung mit einem Holzlöffel kräftig durchschlagen, bis sie glatt ist und sich vom Topfrand löst. Vom Herd nehmen und 10 Minuten abkühlen lassen, dann die Eier einzeln unterrühren, bis der Teig glatt und glänzend ist. Den Käse unterrühren. Eine runde Auflaufform mit Butter einfetten und den Teig entlang des Randes mit einem Löffel verteilen.

2 Für die Füllung das Olivenöl in einer großen Pfanne erhitzen. Die Zwiebel hineingeben und unter Rühren 5 Minuten weich dünsten. Pilze und Knoblauch zugeben und 2 Minuten dünsten. Das Mehl unterrühren und unter Rühren 1 Minute anschwitzen, dann portionsweise die Brühe unterrühren. Unter Rühren aufkochen und 3 Minuten eindicken lassen. 2 Esslöffel Walnüsse beiseite stellen, den Rest mit der Petersilie unter die Pilzmischung rühren. Nach Belieben mit Salz und Pfeffer abschmecken.

3 Die Pilzfüllung in die Mitte der Form löffeln und mit den beiseite gestellten Walnüssen bestreuen. 40 Minuten im Ofen backen, bis die Gougère aufgegangen und goldbraun ist. Sofort servieren.

# Mediterrane Crêpes

**Garzeit: 1 Std. 15 Min.** **Vorbereitung: 25 Min.** **Für 4 Personen**

| NÄHRWERTANGABEN | |
|---|---|
| Kilokalorien | 376 |
| Eiweiß | 11 g |
| Kohlenhydrate | 36 g |
| Zucker | 12 g |
| Fett | 22 g |
| davon gesättigt | 7 g |

### Variation

Ersetzen Sie Petersilie und Thymian durch frisch gehackten Oregano und Basilikum, um den Geschmack der Füllung leicht zu variieren.

*Eine reichhaltige Füllung aus Tomaten und Kräutern macht diese Crêpes einfach unwiderstehlich. Reichen Sie dazu einen knackigen Blattsalat oder* Erbsen mit Zwiebelchen *(siehe Seite 176) als Beilage.*

**ZUTATEN**

**1 EL Sonnenblumenöl, plus etwas mehr zum Einfetten**
**1 Portion Crêpe-Teig (siehe Seite 13)**

**FÜLLUNG**
**2 EL Olivenöl**
**1 Zwiebel, gehackt**
**2 Knoblauchzehen, fein gehackt**
**1 kleine Aubergine, gewürfelt**
**1 rote Paprika, entkernt und gewürfelt**
**4 Tomaten, gehäutet und gewürfelt**
**1 EL Pesto rosso**
**1 EL frisch gehackte Petersilie**
**2 TL frisch gehackter Thymian**
**Salz und Pfeffer**

**ÜBERZUG**
**25 g Butter, zerlassen**
**3 EL frisch geriebener Parmesan**

1

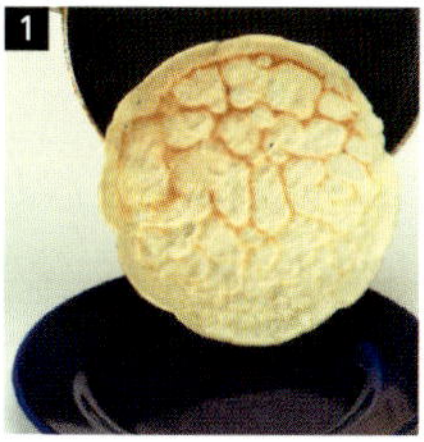

2

2

### Tipp

Für die Zubereitung von Crêpes ist es wichtig, dass das Öl richtig heiß ist, bevor man den Teig hineingießt, und dass eine hochwertige Pfanne verwendet wird.

**1** Den Ofen auf 190 °C vorheizen. Eine Crêpe-Pfanne mit Öl ausstreichen und stark erhitzen. Etwas Teig hineingeben und sofort mit kreisenden Bewegungen zu einer dünnen Schicht auf dem Boden der Pfanne verteilen. 1 Minute goldgelb backen. Wenden und die andere Seite 30 Sekunden goldgelb backen. Die Crêpe auf einen Teller gleiten lassen. Aus dem restlichen Teig auf dieselbe Weise 12 Crêpes zubereiten und – jeweils mit einer Lage Backpapier dazwischen – auf dem Teller stapeln. Warm stellen.

**2** Für die Füllung das Öl in einer Pfanne erhitzen. Die Zwiebel hineingeben und unter gelegentlichem Rühren 5 Minuten weich dünsten. Knoblauch, Aubergine und rote Paprika zugeben und unter gelegentlichem Rühren 10 Minuten dünsten. Tomaten, Pesto rosso, Petersilie und Thymian unterrühren. Mit Salz und Pfeffer abschmecken, abdecken und 15 Minuten köcheln lassen. Eine Auflaufform leicht mit Öl ausstreichen. Die Füllung auf den Crêpes verteilen, diese zusammenrollen, an den Seiten einschlagen und mit der „Naht" nach unten in die Form legen.

**3** Die Crêpes mit der zerlassenen Butter bestreichen und mit dem Parmesan bestreuen. 15 Minuten im Ofen backen. Sofort servieren.

# Spinat-Käse-Crêpes

**Für 4 Personen** **Vorbereitung: 25 Min.** **Garzeit: 45 Min.**

*Ricotta und Spinat sind wie füreinander gemacht und kommen gemeinsam in vielen italienischen Rezepten vor. Hier dienen sie als köstliche Füllung für Crêpes.*

## ZUTATEN

**1 EL Sonnenblumenöl, plus etwas mehr zum Einfetten**
**1 Portion Crêpe-Teig (siehe Seite 13)**
**½ Portion heiße Käsesauce (siehe Seite 90), mit Parmesan zubereitet**
**125 g Mozzarella, in dünnen Scheiben**

FÜLLUNG

**750 g frischer Spinat, harte Stängel und grobe Blattrippen entfernt**
**25 g Butter**
**225 g Ricotta**
**1 Ei, leicht verquirlt**
**1 Prise frisch geriebene Muskatnuss**
**Salz und Pfeffer**

| NÄHRWERTANGABEN | |
|---|---|
| Kilokalorien | 630 |
| Eiweiß | 36 g |
| Kohlenhydrate | 38 g |
| Zucker | 12 g |
| Fett | 38 g |
| davon gesättigt | 20 g |

### Variation

Bei der Zubereitung des Crêpe-Teigs können Sie die Hälfte des Mehls wahlweise auch durch Buchweizenmehl ersetzen.

### Tipp

Achten Sie darauf, so viel Wasser wie möglich aus dem Spinat zu pressen, da zu viel Feuchtigkeit die Crêpes aufweichen würde.

**1** Den Ofen auf 220 °C vorheizen. Eine Crêpe-Pfanne mit Öl ausstreichen und stark erhitzen. Etwas Teig hineingeben und sofort mit kreisenden Bewegungen zu einer dünnen Schicht auf dem Boden der Pfanne verteilen. 1 Minute goldgelb backen. Wenden und die andere Seite 30 Sekunden goldgelb backen. Die Crêpe auf einen Teller gleiten lassen. Aus dem restlichen Teig auf dieselbe Weise 12 Crêpes zubereiten und – jeweils mit einer Lage Backpapier dazwischen – auf dem Teller stapeln. Warm stellen.

**2** Für die Füllung den Spinat nur mit dem Wasser, das nach dem Waschen noch an den Blättern haftet, in einem Topf 7 Minuten garen. Gut abtropfen lassen und so viel Feuchtigkeit wie möglich herauspressen. Grob hacken und mit der Butter in der Küchenmaschine zu einem glatten Püree verarbeiten. Den Ricotta zugeben und untermischen. Die Mischung in eine Schüssel geben und das Ei unterrühren. Nach Belieben mit Muskatnuss, Salz und Pfeffer abschmecken. Eine Auflaufform mit etwas Öl ausstreichen. Die Spinatmischung auf den Crêpes verteilen, aufrollen und mit der „Naht" nach unten in die Form legen.

**3** Die Crêpes mit der Käsesauce übergießen und mit Mozzarellascheiben bedecken. Im Ofen 15–20 Minuten backen, bis der Käse geschmolzen und goldfarben ist. Sofort servieren.

# Linsen-Kartoffel-Topf

**Garzeit: 1 Std. 30 Min.** **Vorbereitung: 10 Min.** **Für 4 Personen**

| NÄHRWERTANGABEN | |
|---|---|
| Kilokalorien | 627 |
| Eiweiß | 26 g |
| Kohlenhydrate | 66 g |
| Zucker | 7 g |
| Fett | 30 g |
| davon gesättigt | 13 g |

## Variation

Für dieses Gericht können Sie nach Herzenslust Ihre Lieblingsgemüse und -gewürze kombinieren.

*Eine Mischung aus roten Linsen, Tofu und Gemüse wird unter einer knusprigen Kartoffelschicht gebacken – ein herzhaftes Gericht. Reichen Sie dazu einen knackigen grünen Salat.*

**ZUTATEN**

- **225 g rote Linsen**
- **60 g Butter**
- **1 Porreestange, in Ringen**
- **2 Knoblauchzehen, zerdrückt**
- **1 Selleriestange, klein geschnitten**
- **125 g Brokkoli, in Röschen**
- **175 g geräucherter Tofu, gewürfelt**
- **2 TL Tomatenmark**
- **Salz und Pfeffer**
- **frische Thymianzweige, zum Garnieren**

**BELAG**

- **700 g mehlig kochende Kartoffeln, gewürfelt**
- **25 g Butter**
- **1 EL Milch**
- **50 g Pekannüsse, fein gehackt**
- **2 EL frisch gehackter Thymian**
- **Salz**

## Tipp

Die Kartoffeln in Schritt 1 nicht zu lange garen, sonst verlieren sie ihre feste Konsistenz, und das Püree wird für den Belag zu dünn und zu weich.

1 Den Ofen auf 200 °C vorheizen. Für den Belag Kartoffeln in kochendem Salzwasser 10–15 Minuten garen. Abgießen, Butter und Milch zugeben und zu Püree zerstampfen. Pekannüsse und gehackten Thymian einrühren. Mit Salz abschmecken. Beiseite stellen.

2 Die Linsen in kochendem Wasser 20–30 Minuten weich garen. Abgießen und beiseite stellen. Die Butter in einer Pfanne zerlassen. Porree, Knoblauch, Sellerie und Brokkoli zugeben. Bei mittlerer Hitze unter häufigem Rühren 5 Minuten dünsten, bis das Gemüse weich ist. Tofu zugeben. Die Linsen zusammen mit dem Tomatenmark einrühren. Mit Salz und Pfeffer abschmecken, dann die Mischung auf dem Boden einer Auflaufform verteilen.

3 Die Linsenmischung vollständig mit dem Kartoffelpüree bedecken. Im Ofen 30–35 Minuten backen, bis der Belag goldbraun ist. Mit frischen Thymianzweigen garnieren und servieren.

# Bohnen-Burger

**Für 4 Personen** **Vorbereitung: 15 Min.** **Garzeit: 20 Min.**

*Diese vegetarischen Burger schmecken nicht nur viel besser als im Handel erhältliche, sondern sind auch nahrhafter – was besonders wichtig ist, wenn man für Kinder kocht. Dieses Gericht ist auch für Veganer eine leckere Abwechslung.*

| NÄHRWERTANGABEN | |
|---|---|
| Kalorien | 145 |
| Eiweiß | 8 g |
| Kohlenhydrate | 20 g |
| Zucker | 6 g |
| Fett | 4 g |
| davon gesättigt | 1 g |

## ZUTATEN

**1 EL Sonnenblumenöl, plus etwas mehr zum Einfetten**
**1 Zwiebel, fein gehackt**
**1 Knoblauchzehe, fein gehackt**
**1 TL gemahlener Koriander**
**1 TL gemahlener Kreuzkümmel**
**150 g Champignons, fein gehackt**
**425 g Pinto- oder rote Kidneybohnen aus der Dose, abgespült und abgetropft**
**2 EL frisch gehackte glatte Petersilie**
**Salz und Pfeffer**
**Mehl, zum Bestäuben**

ZUM SERVIEREN

**Burger-Brötchen**
**Salat**

### Variation

Ersetzt man die Pilze durch 125 g einer fein geschnittenen Zucchini-Karotten-Mischung, werden die Burger noch bunter.

### Tipp

Wenn sich die Burger nicht formen lassen, etwas mehr Öl zu der Mischung geben, um sie leichter handhaben zu können.

1 Das Öl in einer Pfanne erhitzen. Die Zwiebel hineingeben und unter gelegentlichem Rühren 5 Minuten weich dünsten. Knoblauch, Koriander und Kreuzkümmel zugeben und unter gelegentlichem Rühren 1 Minute dünsten. Die Pilze zugeben und 4–5 Minuten unter ständigem Rühren garen, bis die gesamte Flüssigkeit verdampft ist. Die Mischung in eine Schüssel geben.

2 Die Bohnen in eine kleine Schüssel geben und mit einem Kartoffelstampfer oder einer Gabel zerdrücken. Mit der Petersilie unter die Pilzmischung rühren und mit Salz und Pfeffer abschmecken.

3 Die Mischung in 4 Portionen aufteilen, in etwas Mehl wenden und zu flachen, runden Burgern formen. Mit Öl bestreichen und unter dem vorgeheizten Grill 4–5 Minuten von jeder Seite grillen. Im Brötchen mit Salat als Beilage servieren.

# Tomaten-Soufflés

**Für 4 Personen** **Vorbereitung: 30 Min.** **Garzeit: 30 Min.**

*Diese kleinen Soufflés werden auf raffinierte Weise zubereitet: Die Soufflé-Masse geht in saftigen Tomaten auf – ein Gericht, das sich gut als Vorspeise für ein festliches Abendessen eignet.*

**ZUTATEN**

**6 Fleischtomaten, halbiert**
**25 g Butter**
**25 g Mehl**
**2 EL Crème double**
**2 EL frisch geriebener Parmesan**
**½ TL Senfpulver**
**1 Prise frisch geriebene Muskatnuss**
**Salz und Pfeffer**
**5 Eiweiß**
**4 Eigelb**

| NÄHRWERTANGABEN | |
|---|---|
| Kilokalorien | 179 |
| Eiweiß | 7 g |
| Kohlenhydrate | 8 g |
| Zucker | 5 g |
| Fett | 13 g |
| davon gesättigt | 7 g |

1

2
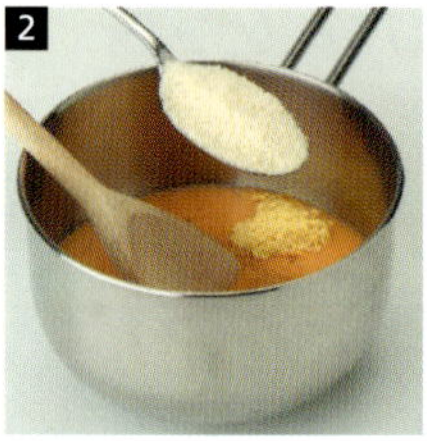

3

**Tipp**

Falls die Tomatenhüllen nach dem Abtropfen noch feucht sind, sollte man sie trockentupfen, bevor man die Soufflé-Mischung hineinlöffelt, damit die fertigen Soufflés darin haften bleiben.

1 Den Ofen auf 220 °C vorheizen. Mit einem Teelöffel Fleisch und Kerne aus den Tomaten löffeln. Die Hüllen umgedreht auf Küchenpapier abtropfen lassen. Fleisch und Kerne in einem Topf 3 Minuten köcheln lassen, dann durch ein feines Sieb in eine kleine Schüssel streichen und beiseite stellen.

2 Die Butter bei geringer Hitze in einem kleinen Topf zerlassen. Das Mehl einrühren und unter gelegentlichem Rühren 1 Minute anschwitzen. Den Topf vom Herd nehmen. Beiseite gestellte Tomatenmischung sowie Crème double unterrühren. Zurück auf den Herd stellen und unter ständigem Rühren 2 Minuten erhitzen, bis die Mischung glatt und eingedickt ist. Den Topf vom Herd nehmen und Parmesan und Senfpulver unterrühren. Nach Belieben mit Muskatnuss, Salz und Pfeffer abschmecken und 10 Minuten abkühlen lassen.

3 Das Eiweiß in einer sauberen Schüssel steif schlagen. Das Eigelb portionsweise unter die Tomatenmischung rühren. 2 Esslöffel Eiweiß unter die Mischung heben, dann behutsam den Rest unterheben. Die Soufflé-Mischung auf die Tomaten verteilen. Diese auf ein Backblech stellen und 5 Minuten im Ofen backen, dann die Ofentemperatur auf 200 °C reduzieren und weitere 15–20 Minuten goldbraun backen. Sofort servieren.

# Kidneybohnen Kiew

**Garzeit: 20 Min.**

**Vorbereitung: 25 Min., plus 10 Min. Kühlzeit**

**Für 4 Personen**

*Eine vegetarische Variante des Hähnchen-Klassikers: Bohnenpasteten mit Knoblauch und Kräuterbutter, in Semmelbröseln gewendet.*

| NÄHRWERTANGABEN | |
|---|---|
| Kilokalorien | 688 |
| Eiweiß | 17 g |
| Kohlenhydrate | 49 g |
| Zucker | 8 g |
| Fett | 49 g |
| davon gesättigt | 20 g |

**ZUTATEN**

**125 g Butter**
**3 Knoblauchzehen, zerdrückt**
**2 EL frisch gehackte Petersilie**
**675 g rote Kidneybohnen aus der Dose, abgetropft und abgespült**
**150 g frische Semmelbrösel**
**1 Porreestange, klein geschnitten**
**1 Selleriestange, klein geschnitten**
**1 EL frisch gehackte Petersilie**
**Salz und Pfeffer**
**1 Ei, verquirlt**
**Öl, zum Braten**

1

4

4

**1** 100 g Butter, Knoblauch und 1 Esslöffel Petersilie in einer Schüssel mit einem Holzlöffel vermischen. Knoblauchbutter auf ein Stück Backpapier geben, zigarrenförmig rollen und in das Backpapier einwickeln. Kalt stellen, bis sie benötigt wird.

**2** Mit einem Kartoffelstampfer die Kidneybohnen in einer Rührschüssel zerstampfen und die Hälfte der Semmelbrösel unterrühren.

**3** Restliche Butter in einer Pfanne zerlassen. Porree und Sellerie zugeben und bei geringer Hitze unter ständigem Rühren 3–4 Minuten anbraten. Bohnenmischung zusammen mit der restlichen Petersilie in die Pfanne geben, mit Salz und Pfeffer abschmecken und gut vermengen. Pfanne vom Herd nehmen und langsam abkühlen lassen.

**4** Die Bohnenmischung in 4 gleich große Portionen teilen und zu ovalen Pasteten formen. Knoblauchbutter in 4 Stücke schneiden und je eine Scheibe in die Mitte jeder Bohnenpastete geben. Mit den Händen die Bohnenmischung so um die Knoblauchbutter formen, dass sie vollständig bedeckt ist. Jede Bohnenpastete in das Ei tauchen, dann in den restlichen Semmelbröseln wälzen.

**5** Etwas Öl in einer Pfanne erhitzen und die Pasteten 7–10 Minuten goldbraun braten, dabei einmal wenden.

**Variation**

Kidneybohnen durch weiße Bohnen oder Flageoletbohnen und die Petersilie durch frisch gehackten Koriander ersetzen.

# Glamorgan-Würstchen mit Süßkartoffelbrei

**Garzeit: 40 Min.** **Vorbereitung: 30 Min.** **Für 4 Personen**

| NÄHRWERTANGABEN | |
|---|---|
| Kilokalorien | 909 |
| Eiweiß | 21 g |
| Kohlenhydrate | 63 g |
| Zucker | 14 g |
| Fett | 65 g |
| davon gesättigt | 36 g |

### Variation

Die originalen Glamorgan-Würstchen werden mit Caerphilly-Käse, einem walisischen Käse, zubereitet, der jedoch bei uns nur schwer zu finden ist.

*Würstchen und Kartoffelbrei mögen bei Nichtvegetariern ein beliebtes Abendessen sein, aber diese raffinierte vegetarische Variante ist wesentlich aromatischer und gesünder.*

## ZUTATEN

### WÜRSTCHEN

**125 g frische Vollkorn-Semmelbrösel**
**175 g Butterkäse, gerieben**
**1 Porreestange, fein geschnitten**
**2 EL frisch gehackte Petersilie**
**1 EL frisch gehackter Majoran**
**1 EL körniger Senf**
**2 Eier, eines davon getrennt**
**Pfeffer**
**Sonnenblumen- oder Maiskeimöl, zum Frittieren**
**50 g Semmelbrösel**

### KARTOFFELBREI

**700 g ungeschälte Süßkartoffeln**
**Salz und Pfeffer**
**125 g Butter**
**1 Zwiebel, gerieben**
**125 g Crème double**
**1 Prise frisch geriebene Muskatnuss**

1

2

3

### Tipp

Um die frischen Semmelbrösel selbst zuzubereiten, das Brot zunächst in Scheiben schneiden. Diese dann in kleinere Stücke zerteilen und in kurzen Intervallen in der Küchenmaschine verarbeiten.

1 Für den Kartoffelbrei die Süßkartoffeln in einem Topf mit leicht gesalzenem, kochendem Wasser 25–30 Minuten garen. Inzwischen die Würstchen vorbereiten: Semmelbrösel, Käse, Porree, Petersilie, Majoran und Senf in einer Schüssel vermengen. 1 Eigelb und 1 Ei zur Mischung geben. Pfeffern und alles verkneten. Mit den Händen 8 Würstchen formen.

2 Die Süßkartoffeln abtropfen und leicht abkühlen lassen, dann pellen und mit einem Kartoffelstampfer zerdrücken. Die Butter in einer kleinen Pfanne bei sehr geringer Hitze zerlassen. Die Zwiebel zugeben und 5 Minuten anbraten. Die Zwiebel zu den zerdrückten Kartoffeln geben, die Crème double zugeben und alles mit einem Holzlöffel verrühren. Mit Muskatnuss, Salz und Pfeffer abschmecken und warm stellen.

3 Das Öl zum Frittieren auf 180–190 °C erhitzen (ein Brotwürfel bräunt darin in 30 Sekunden). Inzwischen das verbliebene Eiweiß in einer flachen Schale schaumig schlagen. Die Semmelbrösel in eine andere Schüssel geben. Die Würstchen erst in das Eiweiß tauchen, dann mit den Semmelbröseln panieren. Die Würstchen portionsweise 2 Minuten frittieren. Auf Küchenpapier abtropfen lassen und warm stellen, während der Rest zubereitet wird. Sofort mit dem Süßkartoffelbrei servieren.

# Gebackene Linsen

**Für 6 Personen** **Vorbereitung: 15 Min.** **Garzeit: 1 Std. 20 Min.**

*Der perfekte „Sonntags-Braten" für Vegetarier. Als saftige Beilage ist gebackenes Gemüse zu empfehlen.*

**ZUTATEN**

**225 g rote Linsen**
**450 ml Gemüsebrühe (siehe Seite 13)**
**1 Lorbeerblatt**
**1 EL weiche Butter oder Margarine**
**2 EL Vollkorn-Semmelbrösel**
**225 g alter Gouda, gerieben**
**1 Porreestange, klein geschnitten**
**125 g kleine Champignons, fein gehackt**
**90 g frische Vollkorn-Semmelbrösel**
**2 EL frisch gehackte Petersilie**
**1 EL Zitronensaft**
**2 Eier, leicht verquirlt**
**Salz und Pfeffer**
**Petersilienzweige, zum Garnieren**
**gemischtes gegrilltes Gemüse, zum Servieren**

NÄHRWERTANGABEN

| | |
|---|---|
| Kilokalorien | 600 |
| Eiweiß | 26 g |
| Kohlenhydrate | 32 g |
| Zucker | 2 g |
| Fett | 20 g |
| davon gesättigt | 10 g |

**Variation**

Sie können die Petersilie in Schritt 3 durch andere fein gehackte Kräuter Ihrer Wahl ersetzen.

**Tipp**

Achten Sie darauf, dass die Linsenmischung in der Kastenform gleichmäßig verteilt ist und auch die Ecken der Form ausgefüllt sind, sonst verliert der Linsenkuchen nach dem Backen seine Form.

1 Den Ofen auf 190 °C vorheizen. Linsen, Gemüsebrühe und Lorbeerblatt in einem Topf zum Kochen bringen, abdecken und 15–20 Minuten köcheln lassen, bis die Flüssigkeit absorbiert ist und die Linsen weich sind. Das Lorbeerblatt entfernen.

2 Eine Kastenform mit Backpapier auslegen. Mit Butter oder Margarine einfetten und mit Semmelbröseln ausstreuen.

3 Gouda, Porree, Champignons, Semmelbrösel und Petersilie mit den Linsen vermengen. Die Mischung mit Zitronensaft und Eiern binden und mit Salz und Pfeffer abschmecken. In die Kastenform füllen und glatt streichen. Ca. 1 Stunde im Ofen goldgelb backen. Den Linsenkuchen mit einem Palettmesser lösen und auf einen vorgewärmten Servierteller stürzen. In Scheiben schneiden, mit Petersilie garnieren und zu gegrilltem Gemüse servieren.

# Gemüsebrot mit Haselnüssen

**Für 4 Personen** **Vorbereitung: 30 Min.** **Garzeit: 1 Std. 15 Min.**

*Servieren Sie dieses Gericht, das sich auch für Veganer eignet, heiß mit* Kartoffelfächern *(siehe Seite 161) und* Tomatensauce *(siehe Seite 83) oder kalt mit* Krautsalat mit Früchten *(siehe Seite 200).*

**ZUTATEN**

**2 EL Sonnenblumenöl, plus etwas mehr zum Einfetten**
**1 Zwiebel, gehackt**
**1 Knoblauchzehe, fein gehackt**
**2 Selleriestangen, klein geschnitten**
**1 EL Mehl**
**200 g passierte Tomaten**
**125 g frische Vollkorn-Semmelbrösel**
**2 Karotten, geraspelt**
**125 g Haselnüsse, gemahlen und geröstet**
**1 EL dunkle Sojasauce**
**2 EL frisch gehackter Koriander**
**1 Ei, leicht verquirlt**
**Salz und Pfeffer**

| NÄHRWERTANGABEN | |
|---|---|
| Kilokalorien | 369 |
| Eiweiß | 10 g |
| Kohlenhydrate | 25 g |
| Zucker | 7 g |
| Fett | 26 g |
| davon gesättigt | 3 g |

1

2

3

**Variation**

Sie können den Laib wahlweise auch in einer runden Kuchenform backen und dann in Kuchenstücke geschnitten reichen.

1 Den Ofen auf 180 °C vorheizen. Das Öl in einer Pfanne erhitzen. Die Zwiebel hineingeben und unter gelegentlichem Rühren 5 Minuten weich dünsten. Knoblauch und Sellerie zugeben und unter häufigem Rühren 5 Minuten dünsten. Das Mehl zugeben und unter ständigem Rühren 1 Minute anschwitzen. Portionsweise die passierten Tomaten unterrühren und unter ständigem Rühren eindicken. Die Pfanne vom Herd nehmen.

2 Semmelbrösel, Karotten, Haselnüsse, Sojasauce und Koriander in eine Schüssel geben. Die Tomatenmischung zugeben und alles gut verrühren. Etwas abkühlen lassen, dann das Ei unterrühren und mit Salz und Pfeffer abschmecken.

3 Eine kleine Kastenform (22 cm x 12 cm) einfetten und mit Backpapier auslegen. Die Mischung in die Form löffeln und die Oberfläche glatt streichen. Mit Folie abdecken und im Ofen 1 Stunde backen. Auf eine vorgewärmte Servierplatte stürzen und sofort servieren – andernfalls in der Form auskühlen lassen und dann stürzen.

# Risotto alla rustica

**Garzeit: 30 Min.** **Vorbereitung: 5 Min.** **Für 4 Personen**

*Um die richtige Konsistenz eines Risottos zu erzielen, sollte man die Flüssigkeit nach und nach zugeben, sodass sie jedes Mal vollständig absorbiert wird, bevor man neue Flüssigkeit zugibt.*

| NÄHRWERTANGABEN | |
|---|---|
| Kilokalorien | 519 |
| Eiweiß | 8 g |
| Kohlenhydrate | 89 g |
| Zucker | 6 g |
| Fett | 16 g |
| davon gesättigt | 7 g |

## ZUTATEN

850 ml Gemüsebrühe (siehe Seite 13)
40 g Butter
2 EL Olivenöl
1 Zwiebel, fein gehackt
2 Schalotten, fein gehackt
1 Knoblauchzehe, fein gehackt
375 g Risottoreis
50 ml trockener Weißwein
4 Eiertomaten, gehäutet
1 frisch gehackter Rosmarinzweig
1 EL frisch gehackte Petersilie
4 frische Basilikumzweige, zerkleinert
Salz und Pfeffer
2 EL Schlagsahne

### Tipp

Im Gegensatz zu anderen Reisgerichten muss ein Risotto ständig gerührt werden, damit die Reiskörner so viel Brühe wie möglich aufnehmen.

1 Die Brühe in einen großen Topf gießen. Aufkochen, dann die Hitze reduzieren und köchelnd heiß halten.

2 Währenddessen 2 Esslöffel Butter mit dem Öl bei geringer Hitze in einem großen Topf erhitzen. Zwiebel, Schalotten und Knoblauch zugeben und unter gelegentlichem Rühren 5 Minuten dünsten.

3 Den Reis zu der Zwiebelmischung geben. Ca. 1 Minute verrühren, bis die Reiskörner mit Butter und Öl überzogen sind. Den Weißwein zugießen. Aufkochen und unter Rühren garen, bis fast die gesamte Flüssigkeit verkocht ist. Die Eiertomaten zugeben und mit einer Gabel zerdrücken, dann Rosmarin, Petersilie und Basilikum zufügen.

4 Die heiße Brühe kellenweise zugeben und jede Portion verrühren, bis sie vom Reis absorbiert ist. Die Brühe weiterhin auf diese Weise zugeben, bis der Reis weich ist, die Körner aber noch Biss haben, dies dauert ca. 20 Minuten. Die restliche Butter unterrühren und mit Salz und Pfeffer abschmecken. Die Sahne unterrühren und sofort servieren.

# Gemüse-Biryani

**Garzeit: 1 Std.**

**Vorbereitung: 15 Min., plus 1 Std. Marinierzeit**

**Für 4 Personen**

*Biryani stammt aus dem nördlichen Indien, wo es einst als besonderes Festessen galt. Traditionell wird es mit Lamm- oder Hühnerfleisch zubereitet. In dieser vegetarischen Variante wird stattdessen Gemüse in einer Joghurt-Marinade eingelegt.*

| NÄHRWERTANGABEN | |
|---|---|
| Kilokalorien | 449 |
| Eiweiß | 12 g |
| Kohlenhydrate | 79 g |
| Zucker | 18 g |
| Fett | 12 g |
| davon gesättigt | 6 g |

### Variation

Falls keine Okras erhältlich sind, können Sie dieselbe Menge an halbierten grünen Bohnen verwenden.

### ZUTATEN

**1 große Kartoffel, geschält und gewürfelt**
**100 g Babykarotten**
**50 g Okras, in dicken Scheiben**
**2 Selleriestangen, in Scheiben**
**75 g kleine Champignons, halbiert**
**1 Aubergine, halbiert und in Scheiben**
**300 g Naturjoghurt**
**1 EL frisch geriebener Ingwer**
**2 große Zwiebeln, gehackt**
**4 Knoblauchzehen, zerdrückt**
**1 TL gemahlene Kurkuma**
**1 EL Currypulver**
**Salz**
**225 g Basmati-Reis**
**2 EL Butter**
**2 Zwiebeln, in Ringen**
**gehackter Koriander, zum Garnieren**

2

3

4

### Tipp

Der Reis kann vor dem Kochen eingeweicht werden, dadurch wird die Stärke gelöst, und er gart schneller. Folgen Sie dabei der Packungsangabe.

1 Den Ofen auf 190 °C vorheizen. Kartoffel, Karotten und Okras 7–8 Minuten in Salzwasser kochen. Abgießen und in eine große Schüssel geben. Mit Sellerie, Pilzen und Aubergine gut vermengen.

2 Joghurt, Ingwer, Zwiebeln, Knoblauch, Kurkuma und Currypulver gründlich mischen, mit Salz abschmecken, über das Gemüse geben und vorsichtig verrühren. Mindestens 2 Stunden marinieren. Den Reis 7 Minuten in Salzwasser kochen, dann abgießen und beiseite stellen.

3 Die Butter in einer Pfanne erhitzen und die Zwiebelringe darin 5–6 Minuten goldbraun braten. Einige Zwiebelringe zum Garnieren beiseite stellen.

4 Das marinierte Gemüse zu den Zwiebeln geben und 10 Minuten schmoren. Die Hälfte des Reises in eine Auflaufform (ca. 2 l Inhalt) füllen. Die Gemüsemischung darauf geben und mit dem restlichen Reis bedecken. Abgedeckt 20–25 Minuten im Ofen backen, bis der Reis gar ist.

5 Das Biryani auf einer Servierplatte anrichten, mit Zwiebelringen und Koriander garnieren und sofort servieren.

# Vegetarische Paella

**Für 6 Personen** **Vorbereitung: 15 Min.** **Garzeit: 40 Min.**

*Paella ist sehr vielseitig und muss keineswegs zwangsläufig mit Meeresfrüchten zubereitet werden. Diese Version schmeckt auch Veganern sehr gut.*

**ZUTATEN**

**1 Msp. Safranfäden**
**6 EL Olivenöl**
**1 rote Zwiebel, in Ringen**
**3 Knoblauchzehen, fein gehackt**
**1 rote Paprika, in Streifen**
**1 orangefarbene Paprika, in Streifen**
**1 große Aubergine, gewürfelt**
**225 g Risottoreis**
**600 ml Gemüsebrühe (siehe Seite 13)**
**450 g Tomaten, gehäutet und gewürfelt**
**Salz und Pfeffer**
**125 g Champignons, in Scheiben**
**125 g grüne Bohnen, halbiert**
**400 g Pintobohnen aus der Dose**

| NÄHRWERTANGABEN | |
|---|---|
| Kilokalorien | 359 |
| Eiweiß | 10 g |
| Kohlenhydrate | 52 g |
| Zucker | 8 g |
| Fett | 14 g |
| davon gesättigt | 2 g |

**Tipp**

Risottoreis hat runde Körner und kann viel Flüssigkeit aufnehmen, ohne breiig zu werden. Traditionellerweise wird spanischer Reis für dieses Gericht verwendet.

1 Den Safran mit 3 Esslöffeln heißem Wasser in eine Schüssel geben und beiseite stellen. Inzwischen das Öl in einer großen Pfanne (oder einer Paella-Pfanne) erhitzen. Die Zwiebel hineingeben und 5 Minuten unter Rühren dünsten. Knoblauch, Paprika und Aubergine zugeben und unter Rühren 5 Minuten dünsten.

2 Den Reis zugeben und ca. 1 Minute unterrühren, bis die Körner mit Öl überzogen sind. Brühe, Tomaten und Safran samt Einweichflüssigkeit zugeben und nach Belieben mit Salz und Pfeffer abschmecken. Aufkochen, dann die Hitze reduzieren und unter häufigem Schwenken der Pfanne und Rühren 15 Minuten köcheln lassen.

3 Pilze, grüne Bohnen und Pintobohnen samt Dosenflüssigkeit unterrühren. Weitere 10 Minuten garen, dann servieren.

# Karibischer Reis mit Erbsen

**Garzeit: 1 Std. 30 Min.** **Vorbereitung: 10 Min.** **Für 4 Personen**

*Dieses Gericht kennt man als „Reis mit Erbsen" oder „Erbsen mit Reis" – je nachdem, ob man sich auf einer Insel der östlichen oder der westlichen Karibik befindet. Es eignet sich auch für Veganer.*

| NÄHRWERTANGABEN | |
|---|---|
| Kilokalorien | 349 |
| Eiweiß | 11 g |
| Kohlenhydrate | 67 g |
| Zucker | 5 g |
| Fett | 6 g |
| davon gesättigt | 4 g |

## ZUTATEN

**125 g getrocknete Straucherbsen, über Nacht eingeweicht**
**225 g Langkornreis**
**700 ml Wasser**
**50 g Kokoscreme**
**1 Zwiebel, gehackt**
**2 Knoblauchzehen, fein gehackt**
**1 kleine rote Paprika, entkernt und gewürfelt**
**1 EL frische Thymianblätter**
**1 Lorbeerblatt**
**½ TL Karibik-Gewürzmischung**
**Salz und Pfeffer**

1

2

3

1 Die Straucherbsen abtropfen lassen und in einen großen Topf geben. So viel Wasser zugeben, dass sie 2,5 cm hoch damit bedeckt sind. Aufkochen und 1 Stunde köcheln lassen, bis sie gar sind. Abtropfen lassen und zurück in den Topf geben.

2 Reis, Wasser, Kokoscreme, Zwiebel, Knoblauch, rote Paprika, Thymian, Lorbeerblatt und Gewürzmischung zugeben und alles nach Belieben mit Salz und Pfeffer abschmecken. Unter ständigem Rühren aufkochen, bis die Kokoscreme geschmolzen ist, dann die Hitze reduzieren und 20 Minuten köcheln lassen.

3 Die Reismischung weitere 5 Minuten ohne Deckel garen, bis alle überschüssige Flüssigkeit verdampft ist. Den Reis mit einer Gabel auflockern und servieren.

### Tipp

Straucherbsen werden auch als Taubenerbsen bezeichnet. Frische Straucherbsen, die man manchmal auch Cajun-Erbsen nennt, werden in der karibischen Küche ebenfalls verwendet.

# Kidneybohnen-Risotto

**Für 4 Personen** **Vorbereitung: 20 Min.** **Garzeit: 1 Std.**

*Diese Kombination aus nussigem Vollkornreis und Kidneybohnen ist nicht nur hinsichtlich ihres Nährstoffgehalts vollkommen ausgewogen, sondern schmeckt zugleich auch ausgezeichnet.*

## ZUTATEN

**4 EL Olivenöl**
**1 Zwiebel, gehackt**
**2 Knoblauchzehen, fein gehackt**
**175 g Vollkornreis**
**600 ml Gemüsebrühe (siehe Seite 13)**
**Salz und Pfeffer**
**1 rote Paprika, entkernt und gewürfelt**
**2 Selleriestangen, klein geschnitten**
**250 g Waldchampignons, in dünnen Scheiben**
**425 g rote Kidneybohnen aus der Dose, abgespült und abgetropft**
**3 EL frisch gehackte Petersilie, plus etwas mehr zum Garnieren**
**50 g Cashewkerne**

### NÄHRWERTANGABEN

| | |
|---|---|
| Kilokalorien | 456 |
| Eiweiß | 14 g |
| Kohlenhydrate | 61 g |
| Zucker | 8 g |
| Fett | 20 g |
| davon gesättigt | 2 g |

### Variation

Sie können dieses Gericht auch mit einer Mischung aus Langkornreis und Wildreis zubereiten. Beachten Sie dabei die Packungsangaben.

### Tipp

Wenn man den Reis in einem Topf gart, muss der Deckel dicht aufliegen. Widerstehen Sie der Versuchung, den Deckel während des Garvorgangs abzuheben.

1 Die Hälfte des Öls in einem großen Topf erhitzen. Die Zwiebel hineingeben und unter gelegentlichem Rühren 5 Minuten dünsten. Die Hälfte des Knoblauchs zugeben und unter häufigem Rühren 2 Minuten dünsten, dann den Reis zugeben und 1 Minute unterrühren, bis die Körner gut mit Öl überzogen sind. Die Brühe und 1 Prise Salz zugeben und unter ständigem Rühren aufkochen. Dann die Hitze reduzieren, abdecken und 35–40 Minuten köcheln lassen, bis die gesamte Flüssigkeit absorbiert ist.

2 Inzwischen das restliche Öl in einer Pfanne erhitzen. Paprika und Sellerie hineingeben und unter gelegentlichem Rühren 5 Minuten dünsten. Pilzscheiben und restlichen Knoblauch zugeben und unter häufigem Rühren 4–5 Minuten garen.

3 Den Reis unter die Mischung in der Pfanne rühren. Bohnen, Petersilie und Cashewkerne zugeben. Nach Belieben mit Salz und Pfeffer abschmecken und unter ständigem Rühren erhitzen, bis der Risotto kochend heiß ist. In eine vorgewärmte Servierschüssel geben, mit der zusätzlichen Petersilie bestreuen und sofort servieren.

# Chow-Mein mit Gemüse

**Für 4 Personen** **Vorbereitung: 15 Min.** **Garzeit: 10 Min.**

*Eiernudeln werden mit einer bunten Gemüsemischung gebraten, wobei dieses äußerst beliebte chinesische Gericht entsteht.*

**ZUTATEN**

**500 g chinesische Eiernudeln**
**4 EL Sonnenblumenöl**
**1 Zwiebel, in dünnen Ringen**
**2 Karotten, in dünnen Stiften**
**125 g Champignons, geviertelt**
**125 g Zuckererbsen**
**½ Salatgurke, in Stiften**
**125 g frischer Spinat, gehackt**
**125 g Bohnensprossen**
**2 EL dunkle Sojasauce**
**1 EL Sherry**
**1 TL Salz**
**1 TL Zucker**
**1 TL Speisestärke**
**1 TL Sesamöl**

| NÄHRWERTANGABEN | |
|---|---|
| Kilokalorien | 669 |
| Eiweiß | 19 g |
| Kohlenhydrate | 100 g |
| Zucker | 9 g |
| Fett | 23 g |
| davon gesättigt | 4 g |

**Variation**

Für ein würziges, scharfes Chow-Mein 1 Esslöffel Chilisauce zugeben oder statt Sesamöl Chiliöl verwenden.

1 Die Nudeln in Salzwasser bissfest kochen. Abgießen und unter fließend kaltem Wasser abspülen. Beiseite stellen.

2 In einem Wok oder einer Pfanne 3 Esslöffel Öl erhitzen. Zwiebel und Karotten zugeben und 1 Minute unter Rühren anbraten. Champignons, Zuckererbsen und Salatgurke zufügen und 1 Minute unter Rühren anbraten. Das restliche Öl einrühren und die abgetropften Nudeln zusammen mit Spinat und Bohnensprossen zugeben.

3 Die restlichen Zutaten mischen und über Nudeln und Gemüse geben. Das Chow-Mein gut durchrühren und erhitzen, in eine vorgewärmte Servierschüssel füllen und servieren.

# Japanische Nudelpfanne

**Garzeit: 15 Min.**

**Vorbereitung: 15 Min., plus 10 Min. Einweichzeit**

**Für 4 Personen**

*Pilze, Kohl und Eiernudeln in einer süßen Sauce garantieren ein schnelles und delikates Mittagessen.*

| NÄHRWERTANGABEN | |
|---|---|
| Kilokalorien | 379 |
| Eiweiß | 12 g |
| Kohlenhydrate | 53 g |
| Zucker | 8 g |
| Fett | 13 g |
| davon gesättigt | 3 g |

## ZUTATEN

**250 g japanische Eiernudeln**

**2 EL Sonnenblumenöl**

**1 rote Zwiebel, in Ringen**

**1 Knoblauchzehe, zerdrückt**

**500 g gemischte Pilze, z. B. Shiitake, Austernpilze, braune Champignons**

**350 g Pak Choi**

**2 EL süßer Sherry**

**6 EL Sojasauce**

**4 Frühlingszwiebeln, in Ringen**

**1 EL geröstete Sesamsaat**

1 Die Nudeln in einer großen Schüssel mit ausreichend kochendem Wasser bedecken und 10 Minuten einweichen. Das Öl in einem vorgewärmten Wok oder einer Pfanne erhitzen.

2 Zwiebel und Knoblauch in den Wok geben und 2–3 Minuten unter Rühren dünsten. Die Pilze zugeben und ca. 5 Minuten pfannenrühren, bis sie weich geworden sind. Die Nudeln abgießen, abtropfen lassen und in den Wok geben.

3 Pak Choi, Sherry und Sojasauce in den Wok oder die Pfanne geben. Gut mischen und 2–3 Minuten erhitzen, bis die Flüssigkeit kocht. Die fertigen Nudeln in eine Schüssel geben, mit Frühlingszwiebeln und Sesam bestreuen und sofort servieren.

### Tipp

Einige Supermärkte bieten eine Vielfalt an Pilzen an. Stellen Sie eine Mischung ganz nach Ihrem Geschmack zusammen. Sie können auch nur eine Sorte verwenden, z. B. kleine Champignons.

# Beilagen

*Die Auswahl einer Gemüsebeilage hängt davon ab, ob sie zu einem vegetarischen Hauptgericht oder zu Fleisch, Geflügel oder Fisch serviert wird. Die Beilage sollte in Farbe und Geschmack nicht nur zum Hauptgericht passen, sondern es möglichst noch besser zur Geltung bringen. Die Vielfalt der Rezepte in diesem Kapitel erlaubt es, jeweils das Passende zu finden.*

*Kartoffeln gehören zwar zu den Grundnahrungsmitteln, aber deshalb muss man sie nicht immer nur als Salz- oder Bratkartoffeln servieren.* Kartoffelpüree mit Knoblauch *(siehe Seite 157) oder* Rösti *(siehe Seite 162) bringen eine angenehme Abwechslung in den Speiseplan. Auch andere beliebte Alltagsgemüse lassen sich anders zubereiten – probieren Sie einmal* Erbsen mit Zwiebelchen *(siehe Seite 176) oder* Frittierte Blumenkohlröschen *(siehe Seite 194). Experimentieren Sie mit ungewöhnlichen Gemüsesorten und -zubereitungen wie bei* Masala Okra *(siehe Seite 178) oder den* Bunten Gemüse-Coulis *(siehe Seite 184).*

*Ein Salat ist eine köstliche Beilage. Er verleiht jedem Gericht eine herzhafte, frische Note und ist außerdem meist rasch und einfach zubereitet. Dieses Kapitel schließt mit einer Auswahl appetitlicher, frischer Salate aus einer bunten Vielfalt verschiedener Zutaten. Nahezu jedes Gemüse eignet sich für pikante Salate. Probieren Sie es einmal aus: z. B.* Röstgemüsesalat *(siehe Seite 206) zu einem mediterranen Hauptgang oder* Süßkartoffelsalat *(siehe Seite 202) zu einem karibischen Gericht, den klassischen* Caesar-Salat *(siehe Seite 210) zu beinahe jedem Hauptgericht und den* Krautsalat mit Früchten *(siehe Seite 200) als echtes Geschmackserlebnis.*

# Kartoffelpüree mit Knoblauch

**Garzeit: 30 Min.** **Vorbereitung: 15 Min.** **Für 4 Personen**

| NÄHRWERTANGABEN | |
|---|---|
| Kilokalorien | 347 |
| Eiweiß | 6 g |
| Kohlenhydrate | 41 g |
| Zucker | 3 g |
| Fett | 18 g |
| davon gesättigt | 12 g |

### Variation

Das Püree wird noch gehaltvoller, wenn man die Milch durch Sahne und die Butter durch 8 Esslöffel natives Olivenöl extra ersetzt.

*Knoblauch verleiht Kartoffelbrei eine zusätzliche Geschmacksnote. Reichen Sie diese aromatische Beilage zu* Paprika mit Käsefüllung *(siehe Seite 105),* Gefüllten Zwiebeln *(siehe Seite 104) oder herzhaften Schmor- und Eintöpfen.*

### ZUTATEN

**900 g mehlig kochende Kartoffeln, geschält und in große Stücke geschnitten**
**Salz und Pfeffer**
**8 Knoblauchzehen, zerdrückt**
**150 ml Milch**
**75 g Butter**
**1 Prise frisch geriebene Muskatnuss**

### Tipp

Wenn der Kartoffelbrei besonders cremig und weich werden soll, schlägt man die Mischung nach dem Zerstampfen der Kartoffeln mit dem Schneebesen gründlich durch.

1 Die Kartoffeln in einen großen Topf geben. Mit Wasser bedecken und 1 Prise Salz zugeben. Aufkochen und 10 Minuten garen. Den Knoblauch zugeben und weitere 10–15 Minuten kochen, bis die Kartoffeln gar sind.

2 Kartoffeln und Knoblauch abtropfen lassen. 3 Esslöffel des Kochsuds aufbewahren und zurück in den Topf geben. Die Milch zugießen und zum Sieden bringen, dann die Butter zugeben und Kartoffeln und Knoblauch zurück in den Topf geben. Den Topf vom Herd nehmen und alles mit einem Kartoffelstampfer gründlich durcharbeiten.

3 Den Kartoffelbrei nach Belieben mit Muskatnuss, Salz und Pfeffer abschmecken und mit einem Holzlöffel kräftig durchrühren, bis er locker ist. Sofort servieren.

# Kartoffelgratin

**Für 4 Personen** **Vorbereitung: 20 Min.** **Garzeit: 1 Std. – 1 Std. 30 Min.**

*Durch diese klassische Zubereitungsform wird aus einfachen Kartoffeln ein echtes Feinschmecker-Erlebnis. Sie bilden eine gute Beilage für einen vegetarischen Auflauf – der Vorteil ist, dass sie gleichzeitig im Ofen garen können.*

## ZUTATEN

**25 g Butter, gewürfelt, plus etwas mehr zum Einfetten**
**900 g fest kochende Kartoffeln, geschält und in ganz dünnen Scheiben**
**1 große Zwiebel, fein gehackt**
**225 g Emmentaler oder Gruyère, gerieben**
**Salz und Pfeffer**
**150 g Schlagsahne**

| NÄHRWERTANGABEN | |
|---|---|
| Kilokalorien | 530 |
| Eiweiß | 23 g |
| Kohlenhydrate | 45 g |
| Zucker | 6 g |
| Fett | 30 g |
| davon gesättigt | 19 g |

### Variation

Für Anna-Kartoffeln 900 g gewürzte, aufgeschichtete Kartoffelscheiben mit 250 g zerlassener Butter übergießen und 1 Stunde bei 220 °C backen.

### Tipp

Für Beilagen wie diese werden in der Regel fest kochende Kartoffeln verwendet, da sie anders als mehlig kochende beim Garen nicht auseinander fallen.

1 Den Ofen auf 190 °C vorheizen. Eine Auflaufform mit Butter ausstreichen. Den Boden mit einer Schicht Kartoffelscheiben auslegen. Etwas Butter in Flocken darauf verteilen. Mit Zwiebel und Käse bestreuen und mit Salz und Pfeffer würzen. 2 Esslöffel Sahne zugeben. Den Rest der Zutaten auf dieselbe Weise aufschichten; zuletzt noch mit einer Schicht Käse bestreuen. Falls Sahne übrig ist, den Käse damit übergießen.

2 Abdecken und im Ofen 1–1½ Stunden backen, bis die Kartoffeln gar sind.

3 Den Deckel abnehmen und die Auflaufform 5 Minuten unter den vorgeheizten Grill stellen, bis die oberste Schicht goldbraun ist und Bläschen wirft. Sofort servieren.

# Kartoffelfächer

**Garzeit: 1 Std. 15 Min.** **Vorbereitung: 10 Min.** **Für 4 Personen**

| NÄHRWERTANGABEN | |
|---|---|
| Kilokalorien | 166 |
| Eiweiß | 5 g |
| Kohlenhydrate | 38 g |
| Zucker | 1 g |
| Fett | 0 g |
| davon gesättigt | 0 g |

### Variation

Ersetzen Sie den Dill im Dressing durch Petersilie bzw. durch das im Hauptgericht verwendete Gewürzkraut.

*Kartoffelfächer sind eine ideale Beilage bei einem festlichen Abendessen. In diesem Rezept wird dazu ein Dressing aus Mayonnaise und saurer Sahne gereicht; das ist jedoch nur eine Möglichkeit. Ohne Mayonnaise-Dressing eignet sich das Gericht auch für Veganer.*

### ZUTATEN

- **4 große Kartoffeln**
- **3 Knoblauchzehen, in ganz dünnen Scheiben**
- **frische Dillzweige, zum Garnieren**

**DRESSING (NACH BELIEBEN)**

- **4 EL Mayonnaise (siehe Seite 13)**
- **4 EL saure Sahne**
- **4 EL frisch gehackter Dill**

1 Den Ofen auf 200 °C vorheizen. Die Kartoffeln mit einem Messer mehrfach so weit einschneiden, dass sie sich in dünne Fächer auffalten lassen. Einige Knoblauchscheiben zwischen die Kartoffelscheiben stecken. Die Kartoffeln in eine Auflaufform legen und im Ofen 1¼ Stunden backen.

2 Inzwischen das Dressing zubereiten. Die Zutaten in einer Schüssel mischen. Mit Frischhaltefolie abdecken und bis zur Verwendung beiseite stellen.

3 Die Kartoffeln sofort in einer vorgewärmten Schüssel servieren. Mit frischen Dillzweigen garnieren. Das Dressing (falls verwendet) getrennt dazu reichen.

### Tipp

Wenn Sie knusprige Kartoffelschalen mögen, die Kartoffeln mit Olivenöl bestreichen. Dazu die Kartoffelscheiben fest zusammenhalten. Dann den Knoblauch zwischen die Scheiben stecken.

# Rösti

**Für 4 Personen** | **Vorbereitung: 15 Min., plus 1 Std. Kühlzeit** | **Garzeit: 30 Min.**

*Diese beliebte Beilage aus der Schweiz ähnelt Kartoffelpuffern und findet vor allem bei Kindern immer wieder großen Anklang. Dieses Gericht schmeckt ebenfalls Veganern.*

**ZUTATEN**

**900 g ungeschälte Kartoffeln**
**25–50 g Butter oder Margarine (ohne tierische Fettanteile)**
**1–2 EL Olivenöl**
**Salz und Pfeffer**

| NÄHRWERTANGABEN | |
|---|---|
| Kilokalorien | 264 |
| Eiweiß | 5 g |
| Kohlenhydrate | 39 g |
| Zucker | 1 g |
| Fett | 11 g |
| davon gesättigt | 4 g |

**Tipp**

Die vorgekochten Kartoffeln müssen am Ende von Schritt 1 nicht unbedingt in den Kühlschrank gestellt werden – sie lassen sich so aber in Schritt 2 leichter reiben.

1. Die Kartoffeln in einem Topf mit kochendem Wasser 10 Minuten kochen. Abgießen und vollständig abkühlen lassen. 30 Minuten in den Kühlschrank stellen.

2. Die Kartoffeln schälen und grob reiben. 2 Esslöffel Butter mit 1 Esslöffel Öl in einer Pfanne (24 cm Durchmesser) bei mittlerer Hitze zerlassen. Die geriebenen Kartoffeln gleichmäßig in der Pfanne verteilen. Die Hitze reduzieren und 10 Minuten garen.

3. Einen großen Teller umgekehrt auf die Pfanne legen. Teller und Pfanne zusammenhalten, vorsichtig wenden und so den Pfannkuchen auf den Teller stürzen. Den Pfannkuchen zurück in die Pfanne gleiten lassen, um die andere Seite 10 Minuten zu garen, dabei bei Bedarf noch Butter und Öl zugeben. Nach Belieben mit Salz und Pfeffer bestreuen und sofort servieren.

# Gebratene Bohnen

**Garzeit: 20 Min.** **Vorbereitung: 15 Min.** **Für 6 Personen**

*Diese mexikanische Spezialität wird traditionellerweise mit Schmalz zubereitet, Sie können aber stattdessen auch Sonnenblumen- oder Maiskeimöl verwenden.*

| NÄHRWERTANGABEN | |
|---|---|
| Kilokalorien | 338 |
| Eiweiß | 14 g |
| Kohlenhydrate | 33 g |
| Zucker | 7 g |
| Fett | 18 g |
| davon gesättigt | 2 g |

## ZUTATEN

**6–8 EL Sonnenblumen- oder Maiskeimöl**
**1 Zwiebel, fein gehackt**
**1 Portion Frijoles (siehe Seite 35)**
**gebratene Tortillas, zum Servieren**

1 2 Esslöffel Öl in einer großen Pfanne erhitzen. Die gehackte Zwiebel hineingeben und unter gelegentlichem Rühren 5 Minuten dünsten. Ein Viertel der Frijoles zugeben.

2 Die Frijoles mit einem Kartoffelstampfer gründlich zerdrücken, dann erneut Frijoles und Öl zugeben und wieder zerstampfen. So fortfahren, bis alle Bohnen zu einem dicken Brei verarbeitet sind.

3 Die Tortillas vierteln. Die gebratenen Bohnen auf eine Servierplatte geben, zu einer länglichen Rolle formen und die Tortillastücke ringsum verteilen. Sofort servieren.

### Tipp

Für diese Beilage verwendet man besser keine Pfanne mit empfindlicher Antihaftbeschichtung, da ihre Oberfläche beim Zerstampfen der Bohnen in Schritt 2 beschädigt werden könnte.

# Reis mit grünen Kräutern

**Für 4 Personen** **Vorbereitung: 10 Min., plus 1 Std. Einweichzeit** **Garzeit: 35 Min.**

*Mit verschiedenen grünen Kräutern können Sie aus einem einfachen Reis ein Gericht für besondere Gelegenheiten machen oder eine schlichte Mahlzeit aufwerten. Die Kokosmilch verleiht dem Reis eine üppige Note, die Kräuter und Chillies sorgen für Frische.*

## ZUTATEN

**2 EL Olivenöl**
**500 g Basmati-Reis oder thailändischer Jasminreis, 1 Stunde eingeweicht, gewaschen und abgetropft**
**700 ml Kokosmilch**
**1 TL Salz**
**1 Lorbeerblatt**
**2 EL frisch gehackter Koriander**
**2 EL frisch gehackte Minze**
**2 grüne Chillies, entkernt und fein gehackt**
**Limettenspalten, zum Servieren**

| NÄHRWERTANGABEN | |
|---|---|
| Kilokalorien | 652 |
| Eiweiß | 15 g |
| Kohlenhydrate | 116 g |
| Zucker | 9 g |
| Fett | 17 g |
| davon gesättigt | 6 g |

### Variation

Ersetzen Sie die Limettenspalten durch Zitronenspalten. Der Saft kann beim Servieren über dem Reis ausgedrückt werden.

### Tipp

Bei der Zubereitung des Gerichts darauf achten, dass der Reis nur bei geringster Hitze gart, da er sonst am Topfboden anbackt und anbrennt.

1. Das Öl in einem Topf erhitzen, den Reis zugeben und bei mittlerer Hitze unter Rühren glasig dünsten. Kokosmilch, Salz und Lorbeerblatt zugeben. Die Mischung zum Kochen bringen und so lange köcheln lassen, bis der Reis die gesamte Flüssigkeit aufgesogen hat.

2. Den Topf gut abdecken und den Reis bei ganz geringer Hitze 10 Minuten köcheln lassen. Das Lorbeerblatt entfernen und Koriander, Minze und Chillies einrühren.

3. Den Reis mit einer Gabel leicht auflockern. In eine Schüssel umfüllen und sofort mit Limettenspalten servieren.

# Pulao-Reis

**Für 4 Personen** **Vorbereitung: 5 Min.** **Garzeit: 25 Min.**

*Gewöhnlich isst man in Indien zu allen Speisen einfach gekochten Reis. Zu festlichen Anlässen reicht man eine aufwändigere Variante mit Gewürzen wie Nelken und Kardamon.*

**ZUTATEN**

**200 g Basmati-Reis**
**2 EL Ghee oder Butter**
**3 grüne Kardamomkapseln**
**2 Gewürznelken**
**3 Pfefferkörner**
**½ TL Salz**
**⅛ TL Safran**
**400 ml Wasser**

| NÄHRWERTANGABEN | |
|---|---|
| Kilokalorien | 265 |
| Eiweiß | 4 g |
| Kohlenhydrate | 43 g |
| Zucker | 0 g |
| Fett | 10 g |
| davon gesättigt | 6 g |

1 Den Reis zweimal unter fließendem Wasser waschen, dann beiseite stellen.

2 Das Ghee in einem Topf zerlassen. Kardamom, Gewürznelken und Pfefferkörner zugeben und unter Rühren ca. 1 Minute anbraten.

3 Reis zufügen und bei mittlerer Hitze weitere 2 Minuten pfannenrühren.

4 Salz, Safran und Wasser zugeben und die Hitze reduzieren. Abgedeckt bei geringer Hitze köcheln lassen, bis das Wasser aufgenommen worden ist.

5 Den Pulao-Reis in eine Servierschale geben und heiß servieren.

### Tipp

Safran, das teuerste Gewürz der Welt, wird aus der Blüte einer Krokusart gewonnen. Er verleiht Gerichten eine goldene Farbe und einen leicht bitteren Geschmack. Safran wird als Pulver oder in Fäden verkauft.

# Gebackene Chili-Kartoffeln

**Garzeit: 35–40 Min.** **Vorbereitung: 10 Min.** **Für 4 Personen**

*Kleine neue Kartoffeln werden gebürstet und mit der Schale gekocht, dann in einer Chilimischung gewälzt und im Ofen gebacken.*

| NÄHRWERTANGABEN | |
|---|---|
| Kilokalorien | 178 |
| Eiweiß | 2 g |
| Kohlenhydrate | 18 g |
| Zucker | 2 g |
| Fett | 11 g |
| davon gesättigt | 1 g |

**ZUTATEN**

**500 g kleine neue Kartoffeln**

**150 ml Sonnenblumenöl**

**1 TL Chilipulver**

**½ TL Kümmelsamen**

**1 TL Salz**

**1 EL frisch gehacktes Basilikum, zum Garnieren**

2

3

4

**Variation**

Sie können nach Belieben auch andere Gewürze, wie z. B. Curry- oder Paprikapulver, verwenden.

1 Den Ofen auf 200 °C vorheizen. Die Kartoffeln in kochendem Salzwasser 10 Minuten garen. Abgießen.

2 Den Boden eines flachen Backblechs mit etwas Öl bedecken und im Ofen 10 Minuten erhitzen. Die Kartoffeln auf das Backblech geben und mit dem heißen Öl bestreichen.

3 Chilipulver, Kümmel und Salz in einer kleinen Schüssel mischen. Die Kartoffeln damit bestreuen und darin wälzen. Das restliche Öl auf die Kartoffeln gießen und diese ca. 15 Minuten backen, bis sie gar sind.

4 Mit einem Schaumlöffel herausnehmen und gut abtropfen lassen. In eine vorgewärmte Servierschüssel geben, mit Basilikum garnieren und sofort servieren.

# Fenchel mit Tomaten und Oliven

**Garzeit: 25 Min.** **Vorbereitung: 10 Min.** **Für 6 Personen**

| NÄHRWERTANGABEN | |
|---|---|
| Kilokalorien | 43 |
| Eiweiß | 1 g |
| Kohlenhydrate | 4 g |
| Zucker | 3 g |
| Fett | 3 g |
| davon gesättigt | 0 g |

### Variation

Um eine etwas gehaltvollere Variante dieser Beilage zu erhalten, kann man in Schritt 3 kurz vor dem Servieren 2 Esslöffel Sahne unterrühren.

*Diese Beilage eignet sich ausgezeichnet für eine Abendeinladung und passt gut zu vegetarischen Gerichten und zu Fisch. Der unnachahmliche Geschmack schwarzer Oliven ergänzt den der Tomaten und das leicht anisartige Fenchelaroma auf ideale Weise. Diese Beilage schmeckt auch Veganern.*

**ZUTATEN**

- **2 Fenchelknollen**
- **1 EL Olivenöl**
- **1 Zwiebel, in dünnen Ringen**
- **2 Tomaten, gehäutet und gewürfelt**
- **50 g schwarze Oliven, entsteint**
- **2 EL frische Basilikumblätter, zerkleinert**
- **Salz und Pfeffer**

1 Das Grün von den Fenchelknollen abschneiden und hacken. Die Knollen längs halbieren und in dünne Scheiben schneiden.

2 Das Öl in einer Pfanne erhitzen. Die Zwiebel hineingeben und bei geringer Hitze unter gelegentlichem Rühren 5 Minuten weich dünsten. Die Fenchelscheiben zugeben und unter gelegentlichem Rühren weitere 10 Minuten dünsten.

3 Die Hitze erhöhen und Tomaten und Oliven zugeben. Unter häufigem Rühren 10 Minuten garen, dann das Basilikum unterrühren und mit Salz und Pfeffer abschmecken. Das Gemüse in eine vorgewärmte Servierschüssel geben, mit dem Fenchelgrün garnieren und servieren.

### Tipp

Schneiden Sie den Fenchel nicht zu lange im Voraus, da sich die Schnittflächen an der Luft verfärben. Man kann die Scheiben auch in mit Zitronensaft gesäuertes Wasser legen und vor der Verwendung abtropfen lassen.

# Grillgemüse mit Salsa verde

**Für 6 Personen**

**Vorbereitung: 20 Min., plus 40 Min. Kühlzeit**

**Garzeit: 13–15 Min.**

*Sie können diese farbenfrohe Gemüsemischung auf dem Holzofen- oder im Backofengrill zubereiten, z. B. als köstliche Beilage zu Crêpes oder Hamburgern. Sie eignet sich auch für Veganer.*

## ZUTATEN

**2 Süßkartoffeln, in Scheiben**
**3 Zucchini, längs halbiert**
**Salz**
**3 rote Paprika, entkernt und geviertelt**
**Olivenöl, zum Einfetten**

SALSA VERDE

**2 frische grüne Chillies, halbiert und entkernt**
**8 Frühlingszwiebeln, in Ringen**
**2 Knoblauchzehen, grob gehackt**
**1 EL Kapern**
**1 Bund frische Petersilie, grob gehackt**
**abgeriebene Schale und Saft von 1 Limette**
**4 EL Zitronensaft**
**6 EL Olivenöl**
**1 EL grüne Tabasco-Sauce**
**Pfeffer**

### NÄHRWERTANGABEN

| | |
|---|---|
| Kilokalorien | 172 |
| Eiweiß | 2 g |
| Kohlenhydrate | 15 g |
| Zucker | 6 g |
| Fett | 12 g |
| davon gesättigt | 2 g |

### Variation

Eine Variante dieses Gerichts erhält man, wenn man die Süßkartoffeln durch 2 in Scheiben geschnittene Auberginen ersetzt. Diese mit Salz bestreuen.

1

2

3

### Tipp

In Essig eingelegte Kapern müssen vor Gebrauch abgespült werden; von den in Salz eingelegten Kapern reibt man das Salz grob mit den Fingerspitzen ab.

1 Die Süßkartoffelscheiben 5 Minuten in kochendem Wasser garen. Abtropfen und abkühlen lassen. Die Schnittflächen der Zucchini mit Salz bestreuen. 30 Minuten beiseite stellen.

2 Inzwischen die Salsa verde zubereiten. Chillies, Frühlingszwiebeln und Knoblauch in der Küchenmaschine grob hacken. Kapern und Petersilie zugeben und in Intervallen verarbeiten, bis sie fein gehackt sind. Die Mischung in eine Servierschüssel geben. Limettenschale und -saft, Zitronensaft, Olivenöl und Tabasco-Sauce unterrühren. Mit Pfeffer abschmecken, mit Frischhaltefolie abdecken und bis zur Verwendung in den Kühlschrank stellen.

3 Die mit Salz bestreuten Zucchini abspülen und mit Küchenpapier trockentupfen. Süßkartoffelscheiben, Zucchini und Paprika mit Olivenöl bestreichen und auf dem Grillrost verteilen. 8–10 Minuten unter dem vorgeheizten Grill oder auf dem heißen Holzkohlengrill garen, bis sie weich und leicht schwarz sind. Sofort mit der Salsa verde servieren.

# Geschmorter Rotkohl

**Garzeit: 60 Min.** **Vorbereitung: 15 Min.** **Für 6 Personen**

| NÄHRWERTANGABEN | |
|---|---|
| Kilokalorien | 170 |
| Eiweiß | 3 g |
| Kohlenhydrate | 29 g |
| Zucker | 25 g |
| Fett | 4 g |
| davon gesättigt | 0 g |

### Variation

Einen etwas schärferen Geschmack erhält man durch die Zugabe von 1 Teelöffel frisch geriebener Ingwerwurzel mit den Gewürznelken in Schritt 2.

*Sein köstliches, süß-pikantes Aroma und seine intensive Farbe machen diesen geschmorten Rotkohl zu einer Gemüsebeilage, die die Aufmerksamkeit Ihrer Gäste garantiert auf sich lenkt. Die Äpfel verleihen ihr eine würzige Süße und eine interessante Konsistenz. Diese Beilage eignet sich auch für Veganer.*

## ZUTATEN

- **2 EL Sonnenblumenöl**
- **2 Zwiebeln, in dünnen Ringen**
- **2 Äpfel, geschält, entkernt und in dünnen Scheiben**
- **900 g Rotkohl, Strunk und Außenblätter entfernt, geraspelt**
- **4 EL Rotweinessig**
- **2 EL Zucker**
- **¼ TL gemahlene Gewürznelken**
- **50 g Rosinen**
- **125 ml Rotwein**
- **Salz und Pfeffer**
- **2 EL rotes Johannisbeergelee**

### Tipp

Der Rotkohl muss nicht auf der Kochplatte zubereitet werden – Sie können den Kohl auch 1 Stunde bei 180 °C im vorgeheizten Backofen schmoren.

1 Das Öl in einem großen Topf erhitzen. Die Zwiebeln hineingeben und unter gelegentlichem Rühren 10 Minuten weich und goldbraun anbraten. Die Apfelscheiben unterrühren und 3 Minuten garen.

2 Kohl, Essig, Zucker, Gewürznelken, Rosinen und Rotwein zugeben und alles nach Belieben mit Salz und Pfeffer abschmecken. Unter gelegentlichem Rühren aufkochen, dann die Hitze reduzieren, abdecken und unter gelegentlichem Rühren 40 Minuten garen, bis der Kohl weich ist und die Flüssigkeit größtenteils absorbiert ist.

3 Das Johannisbeergelee unterrühren. In eine vorgewärmte Schüssel füllen und servieren.

# Kandierte Süßkartoffeln

**Für 6 Personen** **Vorbereitung: 15 Min.** **Garzeit: 25 Min.**

*Bei diesem Gericht werden Süßkartoffeln mit Zucker, frischem Limettensaft und einem Schuss Brandy zubereitet – ein Hauch von Karibik. Die Kartoffeln sind eine ideale Beilage sowohl zu vegetarischen Hauptgerichten als auch zu Fischgerichten. Veganer können die Butter durch Pflanzenmargarine ersetzen.*

**ZUTATEN**

**700 g Süßkartoffeln, in Scheiben**
**40 g Butter**
**1 EL frisch gepresster Limettensaft**
**75 g brauner Zucker**
**1 EL Brandy**
**abgeriebene Schale von 1 Limette**
**Limettenspalten, zum Garnieren**

| NÄHRWERTANGABEN | |
|---|---|
| Kilokalorien | 348 |
| Eiweiß | 3 g |
| Kohlenhydrate | 67 g |
| Zucker | 21 g |
| Fett | 9 g |
| davon gesättigt | 6 g |

**Variation**

Sie können die Limette durch Zitrone ersetzen und den Brandy nach Belieben durch die gleiche Menge an Rum.

**Tipp**

Süßkartoffeln haben eine rosa Schale und weißes, gelbes oder orangefarbenes Fruchtfleisch. Für dieses Gericht sind alle Sorten gleich gut geeignet.

1 Die Süßkartoffeln in kochendem Wasser ca. 5 Minuten fast gar kochen. Wenn sich die Scheiben mit einer Gabel leicht durchstechen lassen, sind sie gar. Mit einem Schaumlöffel herausnehmen und gut abtropfen lassen.

2 Die Butter in einer großen Pfanne zerlassen. Limettensaft und Zucker zugeben und vorsichtig unter Rühren erhitzen, bis der Zucker aufgelöst ist.

3 Süßkartoffeln und Brandy in die Pfanne geben und unterrühren. Bei geringer Hitze ca. 10 Minuten köcheln lassen.

4 Limettenschale über die Kartoffeln streuen und gut unterrühren.

5 Die Kartoffeln auf einen Servierteller geben. Mit Limettenspalten garnieren und sofort servieren.

# Erbsen mit Zwiebelchen

**Für 4 Personen** | **Vorbereitung: 20 Min.** | **Garzeit: 25 Min.**

*Mit den ersten frischen Erbsen der Saison wird aus diesem Rezept eine köstliche Beilage, deren feiner, sahniger Geschmack gut zu vielen Hauptgerichten mit und ohne Fleisch passt.*

**ZUTATEN**

**25 g Butter**

**175 g kleine Zwiebeln, geschält**

**900 g frische Erbsen, gepalt**

**125 ml Wasser**

**2 EL Mehl**

**150 g Crème double**

**1 EL frisch gehackte Petersilie**

**Salz und Pfeffer**

**1 EL Zitronensaft**

| NÄHRWERTANGABEN | |
|---|---|
| Kilokalorien | 317 |
| Eiweiß | 8 g |
| Kohlenhydrate | 22 g |
| Zucker | 6 g |
| Fett | 23 g |
| davon gesättigt | 14 g |

1 Die Butter in einem großen Topf zerlassen. Die ganzen Zwiebeln hineingeben und unter gelegentlichem Rühren 5 Minuten dünsten. Die frischen Erbsen zugeben und unter ständigem Rühren 3 Minuten andünsten, dann das Wasser zugeben. Aufkochen, die Hitze reduzieren, halb abdecken und 10 Minuten köcheln lassen.

2 Das Mehl in die Crème double einrühren. Den Topf vom Herd nehmen und Crème-double-Mischung und Petersilie unterrühren. Mit Salz und Pfeffer abschmecken.

3 Den Topf wieder auf den Herd stellen. Unter Rühren die Flüssigkeit 3 Minuten eindicken lassen. Den Zitronensaft unterrühren und servieren.

**Variation**

Um diese Beilage etwas gehaltvoller zu machen, ersetzt man die Erbsen in Schritt 1 durch 2 kg junge dicke Bohnen.

# Grüne Bohnen mit Tomaten

**Garzeit: 35 Min.** **Vorbereitung: 10 Min.** **Für 4 Personen**

*Eine gehaltvolle Tomatensauce verleiht den saftigen grünen Bohnen eine zusätzliche Geschmacksnote. Sie können diese Beilage kalt oder warm servieren. Sie schmeckt auch Veganern sehr gut.*

| NÄHRWERTANGABEN | |
|---|---|
| Kilokalorien | 130 |
| Eiweiß | 3 g |
| Kohlenhydrate | 9 g |
| Zucker | 7 g |
| Fett | 9 g |
| davon gesättigt | 1 g |

**ZUTATEN**

**3 EL Olivenöl**

**1 rote Zwiebel, in dünnen Ringen**

**350 g Tomaten, gehäutet und gewürfelt**

**125 ml Wasser**

**8 frische Basilikumblätter, zerkleinert**

**Salz und Pfeffer**

**450 g grüne Bohnen**

1

2

3

### Tipp

Es gibt zahlreiche Arten von grünen Bohnen, z.B. Gartenbohnen, Wachsbohnen oder Stangenbohnen. Alle diese Sorten eignen sich für dieses Rezept.

1 Das Öl in einer großen Pfanne auf niedriger Stufe erhitzen. Die Zwiebel hineingeben und unter gelegentlichem Rühren 5 Minuten weich dünsten.

2 Die Tomaten zugeben und unter gelegentlichem Rühren 7–8 Minuten garen, bis sie weich sind. Wasser und Basilikum zugeben und nach Belieben mit Salz und Pfeffer abschmecken.

3 Die Bohnen zugeben und in der Sauce wenden. Abdecken und unter gelegentlichem Rühren 20 Minuten bissfest garen. Bei Bedarf etwas Wasser zugeben. In eine vorgewärmte Servierschüssel geben und sofort servieren. Alternativ in eine Schüssel geben und vor dem Servieren auf Zimmertemperatur abkühlen lassen.

# Masala Okra

**Für 4 Personen** **Vorbereitung: 10 Min.** **Garzeit: 15 Min.**

*Die kleinen sechskantigen, spitz zulaufenden Okraschoten sind in Indien, der Karibik, in den amerikanischen Südstaaten und im Orient sehr beliebt. Diese pikante indische Beilage passt gut zu jeder Art von Curry und eignet sich auch für Veganer.*

| NÄHRWERTANGABEN | |
|---|---|
| Kilokalorien | 134 |
| Eiweiß | 4 g |
| Kohlenhydrate | 5 g |
| Zucker | 4 g |
| Fett | 11 g |
| davon gesättigt | 3 g |

### ZUTATEN

- **1 EL gemahlener Koriander**
- **1 EL gemahlener Kreuzkümmel**
- **1 TL Chilipulver**
- **½ TL Kurkuma**
- **1 EL Kokosraspel**
- **1 Prise Zucker**
- **1 EL Limettensaft**
- **2 EL frisch gehackter Koriander**
- **1 Prise Salz**
- **3 EL Erdnussöl**
- **½ TL schwarze Senfsamen**
- **½ TL Kreuzkümmelsamen**
- **450 g Okras**
- **gewürfelte Tomaten, zum Garnieren**

### Variation

Statt Erdnussöl kann man auch Sonnenblumenöl verwenden, das sich für dieses Gericht ebenso gut eignet.

1

2

3

### Tipp

Die Vorbereitung der Okras ist ganz einfach: In kaltem Wasser abwaschen und mit Küchenpapier trockentupfen, dann nach Belieben die Stielansätze abschneiden.

1 Koriander, Kreuzkümmel, Chilipulver, Kurkuma, Kokosraspel, Zucker, Limettensaft, frischen Koriander und Salz in einer Schüssel mischen.

2 Das Öl im vorgewärmten Wok oder einer Pfanne erhitzen. Senf- und Kreuzkümmelsamen hineingeben und unter ständigem Rühren 2 Minuten erhitzen, bis die Gewürze duften. Die Kokosmischung unterrühren und unter Rühren 2 Minuten erhitzen.

3 Die Okras zugeben und mit den Gewürzen verrühren. Abdecken und 10 Minuten weich dünsten. In eine vorgewärmte Servierschüssel geben, mit gewürfelten Tomaten garnieren und servieren.

# Gebackener Sahnesellerie

**Garzeit: 40 Min.** **Vorbereitung: 15 Min.** **Für 4 Personen**

| NÄHRWERTANGABEN | |
|---|---|
| Kilokalorien | 237 |
| Eiweiß | 7 g |
| Kohlenhydrate | 11 g |
| Zucker | 5 g |
| Fett | 19 g |
| davon gesättigt | 7 g |

### Variation

Sie können die halbierten Pekannüsse durch grob gehackte Walnüsse ersetzen, um dem Gericht eine würzigere Note zu verleihen.

*Unter der herzhaften Kruste aus Semmelbröseln und Parmesankäse verbirgt sich eine cremig-zarte Mischung aus Sellerie und Pekannüssen, verfeinert mit Sahne. Gewürze wie Kreuzkümmel und Koriander sowie Knoblauch verleihen dem Gemüse ein außergewöhnliches Aroma.*

### ZUTATEN

- **1 Bund Selleriestangen**
- **½ TL gemahlener Kreuzkümmel**
- **½ TL gemahlener Koriander**
- **1 Knoblauchzehe, zerdrückt**
- **1 rote Zwiebel, in dünnen Ringen**
- **50 g Pekannüsse, halbiert**
- **150 ml Gemüsebrühe (siehe Seite 13)**
- **150 g Schlagsahne**
- **Salz und Pfeffer**
- **50 g frische Vollkorn-Semmelbrösel**
- **25 g Parmesan, gerieben**
- **Sellerieblätter, zum Garnieren**

1

2

2

1 Den Ofen auf 200 °C vorheizen. Den Sellerie putzen, in Stifte schneiden und in eine Auflaufform geben. Mit Kreuzkümmel, Koriander, Knoblauch, Zwiebel und Pekannüssen bestreuen.

2 Gemüsebrühe und Sahne verrühren und über das Gemüse gießen. Mit Salz und Pfeffer abschmecken. Semmelbrösel und Käse vermengen und über das Gemüse streuen.

3 Im Ofen 40 Minuten backen, bis das Gemüse zart und die Kruste knusprig ist. Mit Sellerieblättern garnieren und sofort servieren.

### Tipp

Geriebener Parmesan verliert schnell an Aroma. Man sollte also nur so viel reiben, wie man gerade braucht. Der Rest hält sich, in Folie eingeschlagen, mehrere Monate im Kühlschrank.

# Frittierte Zwiebeln auf indonesische Art

**Für 6 Personen** **Vorbereitung: 10 Min., plus 2 Std. Ruhezeit** **Garzeit: 20 Min.**

*In Indonesien ist dies wohl die beliebteste Garnierung. Sie ist jedoch auch eine leckere Beilage zu vielen Hauptgerichten und auch für Veganer geeignet.*

**ZUTATEN**

**450 g kleine Zwiebeln**

**Erdnuss- oder Sonnenblumenöl, zum Frittieren**

| NÄHRWERTANGABEN | |
|---|---|
| Kilokalorien | 76 |
| Eiweiß | 1 g |
| Kohlenhydrate | 6 g |
| Zucker | 4 g |
| Fett | 6 g |
| davon gesättigt | 1 g |

1

2

2

**Tipp**

Die Zwiebeln müssen vor dem Frittieren gut trocknen, da sie sonst nicht knusprig werden. Kleine Zwiebeln enthalten gewöhnlich weniger Wasser als große.

1 Die Zwiebeln schälen und mit einem scharfen Messer so dünn und gleichmäßig wie möglich in Ringe schneiden. Diese auf Küchenpapier verteilen und an einem gut belüfteten Ort 2 Stunden zum Trocknen liegen lassen.

2 Das Öl in der Fritteuse oder im vorgewärmten Wok auf 180–190 °C erhitzen (ein Brotwürfel wird darin in 30 Sekunden braun). Die Zwiebeln portionsweise hineingeben und knusprig braun frittieren. Mit einem Schaumlöffel herausnehmen und auf Küchenpapier abtropfen lassen. Auf eine große Platte geben und servieren.

# Geschmorter Chicorée

**Garzeit: 50 Min.** **Vorbereitung: 15 Min.** **Für 6 Personen**

*Chicorée wird als Gemüse oft unterschätzt – man kann daraus eine wunderbare Beilage zubereiten, deren erfrischendes, leicht bitteres Aroma einen Kontrast zum gehaltvollen Hauptgang bietet.*

| NÄHRWERTANGABEN | |
|---|---|
| Kilokalorien | 40 |
| Eiweiß | 1 g |
| Kohlenhydrate | 4 g |
| Zucker | 2 g |
| Fett | 3 g |
| davon gesättigt | 2 g |

**ZUTATEN**

**500 ml Gemüsebrühe (siehe Seite 13)**

**1 Lorbeerblatt**

**6 frische Petersilienzweige**

**2 frische Thymianzweige**

**12 Chicoréeköpfe**

**4 EL Zitronensaft**

**6 EL frische Petersilienblätter**

**5 EL Sahne**

**Salz und Pfeffer**

2

3

6

1 Die Brühe in einen großen Topf gießen und aufkochen. Lorbeerblatt, Petersilien- und Thymianzweige zusammenbinden und zugeben. Abdecken und 10 Minuten köcheln lassen.

2 Chicorée und Zitronensaft zugeben. Abdecken und 20–25 Minuten köcheln lassen, bis der Chicorée gar ist.

3 Den Chicorée mit einem Schaumlöffel herausnehmen, den Kochsud aufbewahren. Den Chicorée in eine vorgewärmte Servierschüssel legen und warm stellen. Die Kräuter entfernen.

4 Den Kochsud erneut aufkochen und ohne Deckel 15 Minuten kochend auf ca. 150 ml reduzieren.

5 Inzwischen die Petersilienblätter 1 Minute in kochendem Wasser blanchieren. Abtropfen lassen, in die Küchenmaschine geben und ganz fein zerhacken. Bei laufendem Motor portionsweise den Kochsud zugießen.

6 Die Mischung in einen kleinen Topf geben und die Sahne unterrühren. Nach Belieben mit Salz und Pfeffer abschmecken. Behutsam erhitzen, aber nicht aufkochen. Über den Chicorée gießen und sofort servieren.

### Variation

Dieses Gericht gelingt auch mit Radicchio, der mit Chicorée eng verwandt ist. Er verliert beim Garen jedoch seine leuchtend rote Farbe.

# Bunte Gemüse-Coulis

**Für 4 Personen** **Vorbereitung: 15 Min.** **Garzeit: 10 Min.**

*Dämpfen ist eine gesunde Garmethode und für Gemüse geradezu ideal, denn dabei bleiben wertvolle Vitamine und Mineralstoffe erhalten. Mit dem hübschen Aussehen dieser raffinierten Beilage kann man auch wählerische Kinder dazu bringen, Gemüse zu essen.*

## ZUTATEN

**ORANGEFARBENER COULIS**

**150 ml frisch gepresster Orangensaft**
**225 g Karotten, in dünnen Scheiben, plus einige Karottenstreifen zum Garnieren**
**50 g Frischkäse oder Ricotta**
**1 Prise gemahlener Koriander**
**1 TL Zitronensaft**
**Salz und weißer Pfeffer**

**WEISSER COULIS**

**150 ml Gemüsebrühe (siehe Seite 13)**
**250 g Pastinaken, in dünnen Scheiben**
**50 g Frischkäse oder Ricotta**
**1 Prise frisch gemahlene Muskatnuss**
**1 TL Zitronensaft**
**Salz und weißer Pfeffer**
**frisch gehackte Petersilie, zum Garnieren**

| NÄHRWERTANGABEN | |
|---|---|
| Kilokalorien | 99 |
| Eiweiß | 3 g |
| Kohlenhydrate | 16 g |
| Zucker | 12 g |
| Fett | 3 g |
| davon gesättigt | 1 g |

### Variation

250 g Kohl über 150 ml Gemüsebrühe dämpfen, pürieren und mit Frischkäse, frischer Minze und Zitronensaft mixen.

1

2

3

### Tipp

Für einen Coulis kann man jedes Gemüse verwenden. Dafür die Mengenverhältnisse von Gemüse, Frischkäse und Zitronensaft beibehalten. Nach Belieben 1 Esslöffel frisch gehackte Kräuter zugeben.

1 Für den orangefarbenen Coulis den Orangensaft in einem kleinen Topf aufkochen. Die Karottenscheiben in einen Dämpfeinsatz geben und diesen auf den Topf setzen. Fest abdecken und 10 Minuten dämpfen. Inzwischen für den weißen Coulis die Gemüsebrühe in einem kleinen Topf aufkochen. Die Pastinakenscheiben in einen Dämpfeinsatz geben und diesen auf den Topf setzen. Fest abdecken und 10 Minuten dämpfen.

2 Für den orangefarbenen Coulis Karotten und Orangensaft in den Mixer geben und pürieren. Das Püree in eine Schüssel füllen. Frischkäse, Koriander und Zitronensaft unterrühren und nach Belieben abschmecken. Dann warm stellen.

3 Für den weißen Coulis Pastinaken und Gemüsebrühe in den Mixer geben und pürieren. Das Püree in eine Schüssel füllen. Frischkäse, Muskatnuss und Zitronensaft unterrühren und nach Belieben abschmecken.

4 Die Coulis in Servierschälchen löffeln. Mit einer Gabel ein dekoratives Muster in die Oberfläche ziehen. Den orangefarbenen Coulis mit Karottenstreifen und den weißen Coulis mit einer Messerspitze Petersilie garnieren. Servieren.

# Boston Baked Beans

**Für 8 Personen** **Vorbereitung: 10 Min.** **Garzeit: 5 Std. 30 Min.**

*Die echten Baked beans – kein Vergleich zu denen aus der Dose! Traditionell werden sie mit gepökeltem Schweinefleisch zubereitet, dieses Rezept stellt eine vegetarische Variante dar.*

**ZUTATEN**

**500 g getrocknete weiße Bohnen, mit Wasser bedeckt und über Nacht eingeweicht**
**2 Zwiebeln, gehackt**
**2 große Tomaten, gehäutet und gewürfelt**
**2 TL Senf**
**2 EL Ahornsirup**
**Salz und Pfeffer**

| NÄHRWERTANGABEN | |
|---|---|
| Kilokalorien | 217 |
| Eiweiß | 14 g |
| Kohlenhydrate | 40 g |
| Zucker | 9 g |
| Fett | 1 g |
| davon gesättigt | 0 g |

**1** Den Ofen auf 140 °C vorheizen. Die Bohnen abtropfen lassen und in einen großen Topf geben. Mit kaltem Wasser bedecken und aufkochen, dann die Hitze reduzieren und 15 Minuten köcheln lassen. Abtropfen lassen; dabei 300 ml Kochsud aufbewahren. Die Bohnen in eine große Steingutform geben und die Zwiebeln zugeben.

**2** Den aufbewahrten Kochsud zurück in den Topf gießen und die Tomaten zugeben. Aufkochen, dann die Hitze reduzieren und 10 Minuten köcheln lassen. Vom Herd nehmen, Senf und Sirup unterrühren und nach Belieben mit Salz und Pfeffer abschmecken.

**3** Die Mischung in die Steingutform gießen. Im Ofen 5 Stunden backen. Sofort servieren.

### Variation

Im Originalrezept des Eintopfs wird in Schritt 1 mit den Zwiebeln 350 g gewürfelter Schinkenspeck zugegeben.

# Gedämpfte Gemüsepäckchen

**Garzeit: 8–10 Min.** **Vorbereitung: 15 Min.** **Für 4 Personen**

*Das Junggemüse wird im Ganzen gegart und behält so Geschmack, Nährgehalt und Konsistenz. Servieren Sie es in Päckchen. Dieses Gericht ist auch für Veganer ideal.*

| NÄHRWERTANGABEN | |
|---|---|
| Kilokalorien | 170 |
| Eiweiß | 3 g |
| Kohlenhydrate | 11 g |
| Zucker | 10 g |
| Fett | 12 g |
| davon gesättigt | 8 g |

**ZUTATEN**

**125 g grüne Bohnen**

**50 g Zuckererbsen**

**12 Babykarotten**

**8 kleine Zwiebeln oder Schalotten**

**8 Radieschen**

**Salz und Pfeffer**

**50 g Butter oder Margarine (ohne tierische Fettanteile)**

**4 Zitronenzesten**

**4 TL frisch gehackte Kerbel**

**4 EL trockener Weißwein**

1

2

3

**Variation**

Ersetzen Sie Butter oder Margarine durch 4 Esslöffel Olivenöl, den Kerbel durch frisch gehackte Minze und die Radieschen durch Kirschtomaten.

1 Vier Kreise (Durchmesser 30 cm) aus Backpapier ausschneiden.

2 Grüne Bohnen, Zuckererbsen, Karotten, Zwiebeln und Radieschen putzen und auf jeweils eine Hälfte der Backpapierkreise verteilen. Mit Salz und Pfeffer bestreuen und etwas Butter zugeben. Die Zitronenzesten auf die Päckchen verteilen. Mit Kerbel bestreuen und mit Wein beträufeln. Den jeweils freien Backpapierhalbkreis über das Gemüse falten und am Rand zusammendrehen, damit das Päckchen dicht ist.

3 In einem großen Schnellkopf Wasser aufkochen. Einen Dämpfeinsatz einsetzen und die Päckchen hineinlegen. Fest verschließen und 8–10 Minuten dämpfen. Die Päckchen dann aus dem Dämpfeinsatz nehmen und sofort servieren.

# Pfannengerührtes Gemüse mit Sesam

**Garzeit: 12 Min.** **Vorbereitung: 10 Min.** **Für 4 Personen**

| NÄHRWERTANGABEN | |
|---|---|
| Kilokalorien | 165 |
| Eiweiß | 6 g |
| Kohlenhydrate | 6 g |
| Zucker | 2 g |
| Fett | 13 g |
| davon gesättigt | 2 g |

### Variation

Nur einen halben Kopf Chinakohl verwenden und 125 g fein geschnittene Karotten sowie 125 g Babymaiskolben in Schritt 1 mit dem Brokkoli zugeben.

*Pfannengerührtes Gemüse ist schnell zubereitet und kann als Teil eines chinesischen Menüs oder als Beilage zu einem heimischen Hauptgericht gereicht werden. Es eignet sich auch für Veganer.*

## ZUTATEN

- **3 EL Erdnuss- oder Sonnenblumenöl**
- **1 EL Sesamöl**
- **12 Knoblauchzehen, fein gehackt**
- **250 g Brokkoli, in Röschen zerteilt**
- **125 g Zuckererbsen**
- **1 Kopf Chinakohl, klein geschnitten**
- **6 Frühlingszwiebeln, in Ringen**
- **2 EL dunkle Sojasauce**
- **2 EL chinesischer Reiswein**
- **3 EL Wasser**
- **1 EL Sesamsaat, geröstet, zum Garnieren**

1 Beide Ölsorten im vorgewärmten Wok oder einer Pfanne erhitzen. Den Knoblauch hineingeben und 30 Sekunden unter Rühren anbraten. Den Brokkoli zugeben und 3 Minuten pfannenrühren. Die Zuckererbsen zugeben und 2 Minuten kurz anbraten, dann den Chinakohl und die Frühlingszwiebeln zugeben und weitere 2 Minuten pfannenrühren.

2 Sojasauce, Reiswein und Wasser unterrühren und unter ständigem Rühren 3–4 Minuten garen. Alles in eine vorgewärmte Servierschüssel geben, mit dem gerösteten Sesam bestreuen und servieren.

### Tipp

Für pfannengerührte Gerichte verwendet man besser einen Wok als eine Pfanne, da bei ihm eine größere Fläche erhitzt wird als bei einer flachen Pfanne. Dadurch wird das Gemüse gleichmäßiger gegart.

# Dicke Bohnen mit Bohnenkraut

**Für 4 Personen** **Vorbereitung: 15 Min.** **Garzeit: 20 Min.**

*Dieses nahrhafte Gericht ist reich an löslichen Ballaststoffen, die zur Senkung des Cholesterinspiegels beitragen. Die Kombination seiner Zutaten hat Tradition: Bohnenkraut wird oft zusammen mit dicken Bohnen gepflanzt, da es diese vor Blattläusen schützt. Auch Veganer können sich dieses Gericht schmecken lassen.*

### ZUTATEN

**900 g dicke Bohnen**
**Salz und Pfeffer**
**1 frischer Zweig Bohnenkraut**
**50 g Butter oder Margarine (ohne tierische Fettanteile)**
**1 EL Zitronensaft**
**1 EL frisch gehacktes Bohnenkraut**

| NÄHRWERTANGABEN | |
|---|---|
| Kilokalorien | 180 |
| Eiweiß | 8 g |
| Kohlenhydrate | 10 g |
| Zucker | 2 g |
| Fett | 13 g |
| davon gesättigt | 8 g |

### Variation

Zu gegarten dicken Bohnen passen gut auch andere frisch gehackte Kräuter wie z. B. Schnittlauch und Petersilie.

### Tipp

Falls Sie reife dicke Bohnen verwenden, müssen diese vor dem Wenden in der zerlassenen Butter enthäutet werden. Dies tut man am besten nach dem Blanchieren. Die Haut sollte sich dann leicht lösen.

1. 1 Schote beiseite legen, die übrigen Bohnen enthülsen. In einem großen Topf leicht gesalzenes Wasser aufkochen. Bohnen, die beiseite gelegte Schote und den Zweig Bohnenkraut hineingeben. Abdecken und 10–15 Minuten köcheln lassen, bis die Bohnen weich sind.

2. Die Bohnen abtropfen lassen. Die Schote und den Zweig Bohnenkraut entfernen. Die Butter bei geringer Hitze in dem Topf zerlassen. Zitronensaft und Bohnen hineingeben und nach Belieben mit Pfeffer abschmecken. Die Bohnen behutsam in der Butter wenden.

3. Die Bohnen in eine vorgewärmte Servierschüssel geben. Mit dem Bohnenkraut bestreuen und sofort servieren.

# Zucchini auf italienische Art

**Garzeit: 20 Min.** **Vorbereitung: 10 Min.** **Für 4 Personen**

| NÄHRWERTANGABEN | |
|---|---|
| Kilokalorien | 100 |
| Eiweiß | 3 g |
| Kohlenhydrate | 10 g |
| Zucker | 3 g |
| Fett | 6 g |
| davon gesättigt | 1 g |

### Variation

Majoran und Petersilie können durch andere frische Kräuter ersetzt werden, um dem Gericht noch eine andere Geschmacksnote zu verleihen.

*Mit diesem einfachen Rezept lassen sich Zucchini besonders lecker zubereiten. In Verbindung mit Zwiebel, Knoblauch, Brühe und frischen Kräutern kommt ihr Geschmack sehr gut zur Geltung. Das Gericht ist auch für Veganer geeignet.*

**ZUTATEN**

- **2 EL Olivenöl**
- **1 große Zwiebel, gehackt**
- **1 Knoblauchzehe, fein gehackt**
- **5 Zucchini, in Scheiben**
- **150 ml Gemüsebrühe (siehe Seite 13)**
- **1 TL frisch gehackter Majoran**
- **Salz und Pfeffer**
- **1 EL frisch gehackte glatte Petersilie, zum Garnieren**

### Tipp

Schälen Sie Zucchini nie, denn in ihrer Schale sind die meisten Nährstoffe gespeichert: Zucchini enthalten viel Vitamin C und Folsäure.

1 Das Öl in einer großen Pfanne erhitzen. Gehackte Zwiebel und Knoblauch hineingeben und unter gelegentlichem Rühren 5 Minuten weich dünsten. Die Zucchini zugeben und unter häufigem Rühren 3–4 Minuten braten, bis sie sich bräunen.

2 Brühe und Majoran zugeben und nach Belieben mit Salz und Pfeffer abschmecken. 10 Minuten köcheln lassen, bis fast die gesamte Flüssigkeit verdampft ist. In eine vorgewärmte Servierschüssel geben, mit der Petersilie bestreuen und servieren.

# Frittierte Blumenkohlröschen

**Für 4 Personen** **Vorbereitung: 15 Min.** **Garzeit: 15 Min.**

*Diese im Teigmantel frittierten Blumenkohlröschen ergeben eine ungewöhnliche Beilage zu Gemüseaufläufen oder -gratins, wie z. B. zu* Käse-Tomaten-Auflauf *(siehe Seite 112) oder* Vegetarischer Lasagne *(siehe Seite 120). Alternativ dazu kann man sie auch mit einem leckeren Dip wie z. B.* Aïoli *(siehe Seite 40) als Vorspeise reichen.*

## ZUTATEN

**1 großer Blumenkohl, in Röschen zerteilt**
**125 g Mehl**
**1 Prise Salz**
**1 Prise getrockneter Thymian**
**2 Eier, getrennt**
**150 ml Wasser**
**4 EL Milch**
**Sonnenblumen- oder Maiskeimöl, zum Frittieren**

| NÄHRWERTANGABEN | |
|---|---|
| Kilokalorien | 253 |
| Eiweiß | 10 g |
| Kohlenhydrate | 26 g |
| Zucker | 4 g |
| Fett | 13 g |
| davon gesättigt | 2 g |

### Variation

Sie können auch anderes Gemüse auf diese Weise zubereiten, jedoch ohne es zu blanchieren, z. B. rote Paprika, Auberginen, Zucchini oder Pilze.

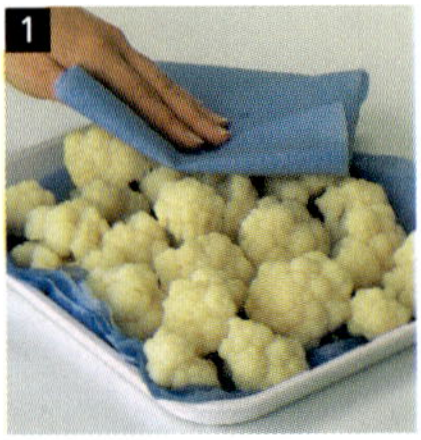

### Tipp

Das Öl muss sehr heiß sein, damit der Teig richtig ausgebacken wird. Da die Temperatur des Öls beim Frittieren sinkt, muss man es zwischen den einzelnen Portionen wieder heiß werden lassen.

1. Den Blumenkohl in einem großen Topf mit kochendem Wasser 5 Minuten blanchieren. Gut abtropfen lassen und mit Küchenpapier trockentupfen.

2. Mehl und Salz in eine Schüssel sieben. Thymian, Eigelb und Wasser zugeben und alles mit einem Holzlöffel glatt rühren. Die Milch unterrühren. Das Eiweiß in einer anderen sauberen und fettfreien Schüssel steif schlagen und dann vorsichtig unter den Teig heben.

3. Das Öl in einer Fritteuse auf 180–190 °C erhitzen (ein Brotwürfel wird darin nach 30 Sekunden braun). Die Blumenkohlröschen in den Teig tauchen, damit überziehen und dann portionsweise goldbraun frittieren. Auf Küchenpapier abtropfen lassen und servieren.

# Feldsalat mit Roter Bete

**Für 4 Personen** **Vorbereitung: 10 Min.** **Garzeit: 0 Min.**

*Diese einfache Salatbeilage hat einen so feinen Geschmack, dass das Hauptgericht davon nicht überdeckt wird. Außerdem sorgt sie für ein paar leuchtend bunte Farbtupfer auf dem Esstisch.*

**ZUTATEN**

**175 g Feldsalat**
**4 kleine Rote Bete, gekocht und gewürfelt**
**2 EL Walnüsse, gehackt**

**DRESSING**

**2 El Zitronensaft**
**2 Knoblauchzehen, fein gehackt**
**1 EL Dijon-Senf**
**1 Prise Zucker**
**Salz und Pfeffer**
**125 ml Sonnenblumenöl**
**125 g saure Sahne**

| NÄHRWERTANGABEN | |
|---|---|
| Kilokalorien | 339 |
| Eiweiß | 3 g |
| Kohlenhydrate | 7 g |
| Zucker | 7 g |
| Fett | 33 g |
| davon gesättigt | 7 g |

**Tipp**

Das Dressing kann im Voraus zubereitet werden, darf jedoch erst kurz vor dem Servieren an den Salat gegeben werden, da die Feldsalatblätter sonst zusammenfallen.

1. Für das Dressing Zitronensaft, Knoblauch, Senf und Zucker in einer Schüssel gut mischen und mit Salz und Pfeffer abschmecken. Das Öl portionsweise unterrühren. Die saure Sahne leicht verquirlen und in das Dressing einrühren.

2. Den Feldsalat in eine Schüssel geben, mit einem Drittel des Dressings übergießen und darin wenden.

3. Den Feldsalat auf 4 Schälchen verteilen. Die Rote Bete darauf verteilen und alles mit dem restlichen Dressing beträufeln. Mit den gehackten Walnüssen bestreuen und servieren.

# Spinat-Knoblauch-Salat

**Garzeit: 15 Min.** **Vorbereitung: 5 Min.** **Für 4 Personen**

*Dieser deftige Salat passt besonders gut zu Pastagerichten. Das Rösten verleiht dem Knoblauch ein delikates Aroma. Dieses Gericht eignet sich auch für Veganer.*

| NÄHRWERTANGABEN | |
|---|---|
| Kilokalorien | 228 |
| Eiweiß | 6 g |
| Kohlenhydrate | 3 g |
| Zucker | 2 g |
| Fett | 21 g |
| davon gesättigt | 2 g |

**ZUTATEN**

**12 ungeschälte Knoblauchzehen**

**4 EL Olivenöl**

**450 g frischer Spinat**

**50 g Walnüsse oder Pinienkerne, gehackt**

**2 EL Zitronensaft**

**Salz und Pfeffer**

1

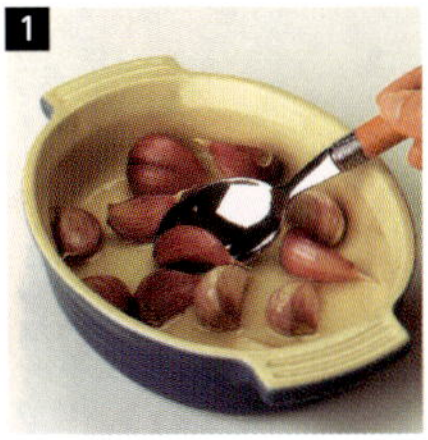

2

3

**Variation**

Ersetzen Sie den Spinat durch junge Sauerampferblätter, um diesem Salat ein köstliches Zitronenaroma zu verleihen.

1 Den Ofen auf 190 °C vorheizen. Die Knoblauchzehen in eine Auflaufform legen. 2 Esslöffel Olivenöl zugeben und die Zehen darin wenden. 15 Minuten im Ofen rösten.

2 Knoblauch und Olivenöl in eine Salatschüssel geben. Spinat, gehackte Walnüsse, Zitronensaft und das restliche Olivenöl zugeben. Alles gut vermengen und nach Belieben mit Salz und Pfeffer abschmecken.

3 Den Salat auf vier Schälchen verteilen und sofort servieren, solange der Knoblauch noch warm ist. Die Gäste drücken die weichen Knoblauchzehen am Tisch selbst aus der Haut.

# Salat mit grünem Gemüse

**Garzeit: 15 Min.**

**Vorbereitung: 10 Min., plus 15 Min. Kühlzeit**

**Für 4 Personen**

*Alle Zutaten dieses Salats sind grün, was nicht nur gut aussieht, sondern mit dem Minze-Joghurt-Dressing auch hervorragend schmeckt. Der Salat ist reich an Vitamin C und Folsäure und eignet sich vorzüglich als Beilage zur* Vegetarischen Lasagne *(siehe Seite 120) und zu* Spinat-Käse-Crêpes *(siehe Seite 132).*

## NÄHRWERTANGABEN

| | |
|---|---|
| Kilokalorien | 50 |
| Eiweiß | 4 g |
| Kohlenhydrate | 6 g |
| Zucker | 6 g |
| Fett | 1 g |
| davon gesättigt | 0,4 g |

## Variation

Sie können den fertigen Salat nach Belieben mit einigen gehackten Walnüssen bestreuen. So erhält der Salat noch mehr Biss.

## ZUTATEN

- **100 g grüne Bohnen, gedrittelt**
- **2 Zucchini, in Stifte geschnitten**
- **1 grüne Paprika, entkernt und in Streifen geschnitten**
- **2 Selleriestangen, in Stücke geschnitten**
- **1 Bund Brunnenkresse**

**DRESSING**

- **200 g Naturjoghurt**
- **1 Knoblauchzehe, zerdrückt**
- **2 EL frisch gehackte Minze**
- **Salz und Pfeffer**

1

1

2

## Tipp

Der Salat muss sofort nach Zugabe des Dressings serviert werden, da sich das Dressing sonst nach einiger Zeit absetzt.

**1** Grüne Bohnen in einem Topf mit kochendem Salzwasser 15 Minuten garen. Nach der Hälfte der Garzeit die Zucchini zufügen. Abgießen und vollständig abkühlen lassen. Zucchini und grüne Bohnen mit Paprika, Sellerie und Brunnenkresse in einer großen Servierschüssel vermischen.

**2** Für das Dressing Joghurt, Knoblauch und Minze in einer kleinen Schüssel vermengen. Mit Salz und Pfeffer abschmecken. Das Dressing über den Salat gießen und sofort servieren.

# Krautsalat mit Früchten

**Für 6 Personen** **Vorbereitung: 10 Min.** **Garzeit: 0 Min.**

*Handelsüblicher Krautsalat ertrinkt meist in scharfem Essigdressing – wenn Sie diesen hausgemachten Salat aus rohem Kohl, verschiedenen Früchten und einer Handvoll nussiger Pinienkerne kosten, werden Sie den Unterschied sofort bemerken. Auch Veganer können sich dieses Gericht schmecken lassen.*

## ZUTATEN

- ½ kleiner Rotkohl, fein geraspelt
- ½ kleiner Weißkohl, fein geraspelt
- 175 g getrocknete Datteln, entsteint und gehackt
- 1 roter Apfel
- 2 grüne Äpfel
- 4 EL Zitronensaft
- 25 g Pinienkerne, geröstet

**DRESSING**

- 5 EL Olivenöl
- 2 EL Apfelessig
- 1 TL flüssiger Honig
- Salz und Pfeffer

### NÄHRWERTANGABEN

| | |
|---|---|
| Kilokalorien | 234 |
| Eiweiß | 3 g |
| Kohlenhydrate | 30 g |
| Zucker | 30 g |
| Fett | 12 g |
| davon gesättigt | 2 g |

### Variation

Ersetzen Sie die Pinienkerne wahlweise auch durch gehackte Walnüsse oder die Datteln durch Rosinen.

### Tipp

Eine gute Methode zum Mischen von Salat-Dressings besteht darin, die Zutaten in ein Gefäß mit Schraubverschluss zu geben, dieses fest zu verschließen und den Inhalt durch kräftiges Schütteln zu mischen.

1. Rot- und Weißkohl zusammen mit den Datteln in eine Salatschüssel geben und alles gut vermengen.

2. Die Äpfel entkernen, aber nicht schälen. In dünne Scheiben schneiden und in eine andere Schüssel geben. Den Zitronensaft zugeben und die Scheiben darin wenden, damit sie sich nicht verfärben. Dann die Apfelscheiben in die Salatschüssel geben.

3. Für das Dressing Öl, Essig und Honig in einer kleinen Schüssel kräftig verquirlen und mit Salz und Pfeffer abschmecken. Das Dressing über den Salat gießen und unterheben. Den Salat mit den Pinienkernen bestreuen, leicht vermengen und servieren.

# Süßkartoffelsalat

**Für 4 Personen** **Vorbereitung: 10 Min.** **Garzeit: 15 Min.**

*Dieser Salat mit seinem Pfefferdressing schmeckt am besten warm. Er ist sehr eiweiß- und vitaminhaltig und kann mit etwas knusprigem Brot als sättigende, leichte Mahlzeit serviert werden.*

## ZUTATEN

**1 Süßkartoffel, geschält und gewürfelt**
**2 Karotten, klein geschnitten**
**3 Tomaten, entkernt und gewürfelt**
**100 g Kichererbsen aus der Dose, abgetropft**
**8 Blätter Eisbergsalat**
**1 EL Sultaninen**
**1 EL Walnüsse, gehackt**
**1 kleine Zwiebel, in dünnen Ringen**

### DRESSING

**6 EL Naturjoghurt**
**1 EL flüssiger Honig**
**1 TL grob gemahlener Pfeffer**
**Salz**

## NÄHRWERTANGABEN

| | |
|---|---|
| Kilokalorien | 192 |
| Eiweiß | 7 g |
| Kohlenhydrate | 33 g |
| Zucker | 23 g |
| Fett | 4 g |
| davon gesättigt | 1 g |

1

2

3

## Tipp

Falls die Salatblätter beim Auslegen der Schüssel vom Rand gleiten, zunächst mit einer Hand festhalten und etwas von der Gemüsemischung in die Schüssel geben, um die Blätter zu beschweren.

1 Die Süßkartoffel in einem großen Topf mit kochendem Wasser 10 Minuten kochen. Die Karotten zugeben und weitere 3–5 Minuten kochen, bis die Süßkartoffel bissfest ist. Gut abtropfen lassen und in eine große Schüssel füllen. Tomaten und Kichererbsen zur Süßkartoffel und zu den Karotten geben und alles gut vermengen.

2 Eine Salatschüssel mit den Salatblättern auslegen und die Gemüsemischung auf den Salatblättern anrichten. Sultaninen, Walnüsse und Zwiebelringe darauf verteilen.

3 Für das Dressing Joghurt, Honig und Pfeffer in eine kleine Servierschüssel geben und mit einer Gabel gründlich verrühren. Mit Salz abschmecken. Den Süßkartoffelsalat warm servieren und das Dressing getrennt dazu reichen.

# Kartoffel-Apfel-Salat

**Garzeit: 20 Min.** **Vorbereitung: 10 Min.** **Für 6 Personen**

*Kleine Frühkartoffeln sind ideal für Salate, da sie hübsch aussehen, köstlich schmecken und Biss haben. Eine cremige Mayonnaise passt besonders gut dazu.*

| NÄHRWERTANGABEN | |
|---|---|
| Kilokalorien | 219 |
| Eiweiß | 4 g |
| Kohlenhydrate | 29 g |
| Zucker | 6 g |
| Fett | 11 g |
| davon gesättigt | 2 g |

**ZUTATEN**

**900 g kleine, ungeschälte Frühkartoffeln**
**2 grüne Äpfel**
**4 Frühlingszwiebeln, in Ringen**
**4 Selleriestangen, klein geschnitten**
**150 ml Mayonnaise (siehe Seite 13)**
**Salz und Pfeffer**

1

1

2

**1** Die Kartoffeln in einem großen Topf mit leicht gesalzenem Wasser 20 Minuten gar kochen. Gut abtropfen lassen und in eine Salatschüssel geben. Dann die Äpfel entkernen, in Stücke schneiden und zusammen mit den Frühlingszwiebeln und Selleriestangen in die Salatschüssel geben.

**2** Die Mayonnaise zugeben. Nach Belieben mit Salz und Pfeffer abschmecken. Alles gut vermengen, abkühlen und eine Weile stehen lassen, damit sich der Geschmack entfalten kann. Zimmerwarm servieren.

### Variation

Rühren Sie 1 Esslöffel klein geschnittenen frischen Schnittlauch unter die Mayonnaise, bevor Sie sie in Schritt 2 zum Salat geben.

# Rucola-Avocado-Salat

**Garzeit: 0 Min.** **Vorbereitung: 15 Min.** **Für 6 Personen**

| NÄHRWERTANGABEN | |
|---|---|
| Kilokalorien | 269 |
| Eiweiß | 4 g |
| Kohlenhydrate | 10 g |
| Zucker | 8 g |
| Fett | 24 g |
| davon gesättigt | 3 g |

### Variation

Für ein milderes und nussiges Aroma kann man die gehackten Walnüsse wahlweise auch durch 50 g geröstete Pinienkerne ersetzen.

*Ein Salat der Kontraste: Bitterer Rucola, herbe Walnüsse und scharfe rote Zwiebeln treffen auf erfrischende Orangen, knackigen Salat und buttrige, gehaltvolle Avocado. Diese Fülle an Farben und Aromen regt den Appetit an und sorgt für wahre Gaumenfreuden. Auch Veganer können sich daran erfreuen.*

## ZUTATEN

**1 roter oder grüner Kopf Eskariol, zerkleinert**
**½ Kopf Frisée, zerkleinert**
**1 kleines Bund Brunnenkresse**
**1 Bund Rucola, zerkleinert**
**1 rote Zwiebel, in dünnen Ringen**
**2 Orangen**
**1 Avocado**
**50 g Walnüsse, grob gehackt**

**DRESSING**
**6 EL Olivenöl**
**1 EL Walnussöl**
**3 EL Zitronensaft**
**2 EL Orangensaft**
**1 TL fein abgeriebene Orangenschale**
**1 TL Dijon-Senf**
**1 Prise Zucker**
**Salz und Pfeffer**

1

2

3

### Tipp

Trocknen Sie die Salatblätter nach dem Waschen gut. Verwenden Sie dazu – außer für sehr feine Blätter – am besten eine Salatschleuder, oder tupfen Sie den Salat mit Küchenpapier vorsichtig trocken.

1 Für das Dressing alle Zutaten in einer kleinen Schüssel verquirlen und mit Salz und Pfeffer abschmecken.

2 Eskariol, Frisée, Brunnenkresse und Rucola in eine Salatschüssel geben. Die Zwiebel zugeben. Die Orangen mit einem scharfen Messer schälen und die einzelnen Spalten aus den Häuten lösen. Die Spalten in die Schüssel geben.

3 Die Avocado schälen, entkernen, würfeln und zum Salat geben. Alles mit dem Dressing übergießen und gut vermengen. Mit den Walnüssen bestreuen und sofort servieren.

# Röstgemüsesalat

**Für 6 Personen** **Vorbereitung: 25 Min.** **Garzeit: 35 Min.**

*Diese farbenfrohe Mischung mediterraner Gemüsesorten ergibt einen wunderbaren Salat für heiße Sommertage. Am besten serviert man den Salat noch warm oder zimmerwarm mit knusprigen Brötchen. Dieses Gericht ist auch für Veganer geeignet.*

| NÄHRWERTANGABEN | |
|---|---|
| Kilokalorien | 249 |
| Eiweiß | 3 g |
| Kohlenhydrate | 17 g |
| Zucker | 14 g |
| Fett | 19 g |
| davon gesättigt | 3 g |

## ZUTATEN

- **6 EL Olivenöl**
- **2 Auberginen**
- **1 gelbe Paprika, entkernt und geviertelt**
- **1 rote Paprika, entkernt und geviertelt**
- **1 orangefarbene Paprika, entkernt und geviertelt**
- **6 Schalotten, geschält**
- **3 rote Zwiebeln, geviertelt**
- **6 Eiertomaten, geviertelt**
- **frische Basilikumblätter**

**DRESSING**

- **4 EL Olivenöl**
- **1 EL Rotweinessig**
- **1 Knoblauchzehe, fein gehackt**
- **Salz und Pfeffer**

### Variation

Dieses Gericht kann noch durch Wurzelgemüse wie Karotten und Pastinaken erweitert werden, größeres Gemüse sollte dabei geviertelt werden.

1

2

3

### Tipp

Achten Sie darauf, dass das Gemüse gut mit Öl überzogen ist, bevor Sie es in den Ofen schieben, da es sonst beim Rösten austrocknet.

1 Den Ofen auf 230 °C vorheizen. Das Öl in eine große Bratenpfanne geben. Auberginen, Paprika, Schalotten, Zwiebeln und Tomaten zugeben und im Öl wenden. Im Ofen unter gelegentlichem Wenden 20 Minuten rösten. Paprika, Schalotten, Zwiebeln und Tomaten mit einem Schaumlöffel auf eine große Servierplatte legen.

2 Die Auberginen zurück in den Ofen schieben und unter einmaligem Wenden weitere 15 Minuten rösten. Aus dem Ofen nehmen und abkühlen lassen, bis man sie in die Hand nehmen kann. In mundgerechte Stücke schneiden und zum übrigen Gemüse geben.

3 Für das Dressing Öl, Essig und Knoblauch mit einer Gabel gut verquirlen. Mit Salz und Pfeffer abschmecken und über das Gemüse gießen. Das Gemüse abkühlen lassen, bis es noch handwarm ist, mit den Basilikumblättern bestreuen und servieren.

# Gurken-Champignon-Salat

**Für 4 Personen** **Vorbereitung: 10 Min., plus 30 Min. Marinierzeit** **Garzeit: 0 Min.**

*Dieser einfach zuzubereitende Salat ist eine praktische Beilage zu jeder Jahreszeit und so vielseitig, dass er zu einer Fülle verschiedener Hauptgerichte passt. Er eignet sich auch für Veganer.*

**ZUTATEN**

**½ Salatgurke, in großen Würfeln**
**125 g Champignons, in Scheiben**
**1 kleiner Kopfsalat, zerkleinert**
**4 Tomaten, in Scheiben**
**1 EL frisch gehackter Koriander**

**DRESSING**

**2 EL Olivenöl**
**1 EL Weißweinessig**
**1 Lorbeerblatt**
**1 Knoblauchzehe, fein gehackt**
**1 frischer Estragonzweig**
**1 frischer Rosmarinzweig**
**Salz und Pfeffer**

| NÄHRWERTANGABEN | |
|---|---|
| Kilokalorien | 74 |
| Eiweiß | 2 g |
| Kohlenhydrate | 4 g |
| Zucker | 3 g |
| Fett | 6 g |
| davon gesättigt | 1 g |

**Tipp**

Pilze reinigt man, indem man sie mit feuchtem Küchenpapier abwischt. Mit Ausnahme von Morcheln sollten Pilze nicht in Wasser getaucht werden.

1 Für das Dressing Öl, Essig, Lorbeerblatt, Knoblauch, Estragon und Rosmarin in einer großen Schüssel gut verrühren. Mit Salz und Pfeffer abschmecken. Gurke und Champignons zugeben und alles gut vermengen. Mit Frischhaltefolie abdecken und 30 Minuten marinieren.

2 Den Kopfsalat in eine Salatschüssel geben. Champignons und Gurke mit einem Schöpflöffel aus dem Dressing nehmen und zum Salat geben. Die Tomaten ebenfalls zufügen. Mit Koriander bestreuen.

3 Das Dressing abseihen und die Kräuter entfernen. Über den Salat gießen und servieren.

# Bohnensalat

**Garzeit: 15 Min.** **Vorbereitung: 10 Min.** **Für 4 Personen**

*Dieser Salat ist die ideale Beilage zu Hamburgern bei einer Grillparty, er passt aber auch gut zu Pasteten und Quiches. Auch Veganer können ihn genießen.*

| NÄHRWERTANGABEN | |
|---|---|
| Kilokalorien | 200 |
| Eiweiß | 8 g |
| Kohlenhydrate | 23 g |
| Zucker | 9 g |
| Fett | 9 g |
| davon gesättigt | 1 g |

**ZUTATEN**

**125 g grüne Bohnen**

**2 Selleriestangen, klein geschnitten**

**2 Schalotten, gehackt**

**3 Tomaten, gewürfelt**

**425 g gemischte Bohnen aus der Dose, abgespült und abgetropft**

**3 EL frisch gehackte Petersilie**

**DRESSING**

**3 EL Olivenöl**

**1 EL Rotweinessig**

**1 Knoblauchzehe, fein gehackt**

**1 EL Tomaten-Chutney**

**Salz und Pfeffer**

**Tipp**

Für Salate verwendet man am besten Bohnen aus der Dose, um Zeit und Energie zu sparen, die man sonst auf das Einweichen und Kochen verwenden müsste. Mischen Sie die Bohnensorten nach Belieben.

1 Die Bohnen putzen und über einem Topf mit kochendem Wasser 15 Minuten dämpfen, bis sie gar sind. Vom Herd nehmen und unter fließend kaltem Wasser abspülen. Abtropfen lassen und halbieren.

2 Inzwischen das Dressing zubereiten. Öl, Essig, Knoblauch und Tomaten-Chutney in einer Schüssel gut verquirlen. Mit Salz und Pfeffer abschmecken.

3 Grüne Bohnen, Sellerie, Schalotten, Tomaten und gemischte Bohnen in eine Salatschüssel geben, mit dem Dressing übergießen und alles gut vermengen. Mit der Petersilie bestreuen und sofort servieren.

# Caesar-Salat

**Für 4 Personen** | **Vorbereitung: 15 Min., plus 20 Min. Kühlzeit** | **Garzeit: 20 Min.**

*Es war nicht Julius Caesar, sondern Caesar Gardini, der diesen Salat in den 1920er-Jahren in seinem Restaurant im mexikanischen Tijuana kreierte. Dieses Gericht ist heute ein Klassiker.*

## ZUTATEN

**1 Knoblauchzehe, halbiert**
**1 kleiner Kopf Romano-Salat**
**50 g Parmesan, grob gerieben**

**KNOBLAUCH-CROÛTONS**

**3 EL Olivenöl**
**1 große Knoblauchzehe, halbiert**
**4 Scheiben Vollkornbrot ohne Kruste, gewürfelt**

**DRESSING**

**1 Ei**
**1 TL vegetarische Worcestersauce**
**2 EL Zitronensaft**
**2 TL Dijon-Senf**
**2 EL Olivenöl**
**Salz und Pfeffer**

### NÄHRWERTANGABEN

| | |
|---|---|
| Kilokalorien | 280 |
| Eiweiß | 11 g |
| Kohlenhydrate | 14 g |
| Zucker | 2 g |
| Fett | 21 g |
| davon gesättigt | 5 g |

### Variation

Geben Sie bei der Zubereitung der Croûtons in Schritt 1 noch 1 Prise Cayennepfeffer und 1 Teelöffel Paprikapulver in das Öl.

### Tipp

Für Kinder, Kranke und Schwangere sollte man das Dressing ohne das nur kurz gekochte Ei zubereiten und stattdessen geviertelte, hart gekochte Eier in den Salat geben.

**1** Den Ofen auf 190 °C vorheizen. Für die Croûtons das Öl in einen kleinen Topf geben, den Knoblauch zufügen und 5 Minuten behutsam erhitzen. Den Knoblauch dann entfernen. Die Brotwürfel in eine Schüssel geben, mit dem Öl übergießen und gründlich darin wenden. Die Brotwürfel dann auf einem Backblech verteilen und im Ofen 10 Minuten knusprig backen. Aus dem Ofen nehmen und abkühlen lassen.

**2** Für das Dressing das Ei in einen Topf mit Wasser geben. Aufkochen und 1 Minute kochen lassen, dann mit einem Schaumlöffel herausnehmen. Das Ei in eine Schüssel aufschlagen und eventuelle Eiweißreste aus der Schale löffeln. Worcestersauce, Zitronensaft, Senf und Öl einrühren. Mit Salz und Pfeffer abschmecken.

**3** Die Innenfläche einer Salatschüssel mit den Knoblauchhälften einreiben. Die Salatblätter in der Schüssel verteilen und mit dem Parmesan bestreuen. Den Salat mit dem Dressing beträufeln und mit den Knoblauch-Croûtons bestreuen. Am Tisch vermengen und servieren.

# Desserts

*Erst ein Dessert rundet ein Menü richtig ab. Sogar nach dem besten Hauptgericht sollte man zum Abschluss einen leichten dritten Gang reichen, wie z. B.* Tropenfruchtspieße *(siehe Seite 252) oder* Zitronenbaiser-Sorbet *(siehe Seite 251). Oder servieren Sie eine erfrischende Süßspeise: Hier finden Sie fantasievolle Kreationen, wie z. B.* Honigkuchen-Pudding *(siehe Seite 226) oder* Schokoladen-Honig-Eiscreme *(siehe Seite 253). Wenn Sie Schokolade bevorzugen, bietet Ihnen das Kapitel köstliche Rezepte, wie warmen* Schokoladenkuchen mit Preiselbeeren *(siehe Seite 216),* Schokoladen-Nuss-Rolle *(siehe Seite 234) oder* Schoko-Pekannuss-Kuchen *(siehe Seite 237).*

*Für kalte Wintertage eignen sich warme Desserts besonders gut, wie z. B.* Exotischer Obst-Crumble *(siehe Seite 220). Für besondere Anlässe bieten sich* Beeren-Clafoutis *(siehe Seite 225) und* Himbeer-Pavlovas *(siehe Seite 232) an. Bei Kindern sind* Windbeutel mit Bananensahne *(siehe Seite 238),* Apfel-Beignets *(siehe Seite 222) oder* Schokoladen-Himmel *(siehe Seite 240) sehr beliebt. Ihre Partygäste können Sie mit* Traditionellem Tiramisù *(siehe Seite 247) oder* Mandel-Käse-Törtchen *(siehe Seite 244) überraschen. Feinschmecker und wählerische Gäste beeindrucken Sie am besten mit* Karotten-Ingwer-Kuchen *(siehe Seite 215) oder* Erdbeerrolle *(siehe Seite 233). Reichen Sie dazu eine Tasse Kaffee.*

# Karotten-Ingwer-Kuchen

**Garzeit: 1 Std. 15 Min.**

**Vorbereitung: 15 Min., plus 1 Std. 20 Min. Kühlzeit**

**Für 10 Personen**

*Diese eher leichte Variante des beliebten, aber schweren englischen Klassikers zergeht buchstäblich auf der Zunge. Karotten und Orangensaft geben diesem Kuchen einen fruchtigen Biss, die Vanilleglasur verleiht ihm eine angenehme Süße.*

### NÄHRWERTANGABEN

| | |
|---|---|
| Kilokalorien | 249 |
| Eiweiß | 7 g |
| Kohlenhydrate | 46 g |
| Zucker | 28 g |
| Fett | 6 g |
| davon gesättigt | 1 g |

### Variation

Für eine herkömmliche Butterglasur 85 g Butter mit 175 g Puderzucker, 1 Teelöffel Vanillearoma und ein wenig Wasser verrühren.

### ZUTATEN

- **Butter, zum Einfetten**
- **225 g Mehl**
- **1 TL Backpulver**
- **1 TL Speisenatron**
- **2 TL gemahlener Ingwer**
- **½ TL Salz**
- **175 g brauner Zucker**
- **250 g Karotten, geraspelt**
- **2 Ingwerpflaumen, abgetropft und gehackt**
- **25 g Ingwerwurzel, geschält und gerieben**
- **60 g Sultaninen**
- **2 Eier, verquirlt**
- **3 EL Maiskeimöl**
- **Saft von 1 Orange**

**GLASUR**

- **220 g fettarmer Frischkäse**
- **4 EL Puderzucker**
- **1 TL Vanillearoma**

**GARNIERUNG**

- **1 geraspelte Karotte**
- **Ingwerpflaumen, in Stückchen**
- **gemahlener Ingwer**

2

2

4

### Tipp

Bei der Herstellung einer Glasur sollten Sie den Frischkäse oder die Butter unbedingt cremig rühren, bevor sie die weiteren Zutaten zugeben. Nur so kann eine glatte Mischung entstehen.

1 Den Ofen auf 180 °C vorheizen. Eine Kuchenform (20 cm Durchmesser) leicht einfetten und mit Backpapier auslegen.

2 Mehl, Backpulver, Natron, Ingwerpulver und Salz in eine Schüssel sieben. Zucker, Karotten, Ingwer und Sultaninen unterrühren. Eier, Öl und Orangensaft verquirlen und zur Karottenmischung in die Schüssel geben. Alle Zutaten gründlich mischen.

3 Den Teig in die Form geben und im Ofen 60–75 Minuten backen, bis der Kuchen fest ist. In der Form abkühlen lassen.

4 Für die Glasur Frischkäse in einer Schüssel cremig rühren. Den Puderzucker hineinsieben und das Vanillearoma einrühren.

5 Den Kuchen aus der Form lösen und die Oberseite mit der Glasur bestreichen. Garnieren und servieren.

# Schokoladenkuchen mit Preiselbeeren

**Für 4 Personen** **Vorbereitung: 20 Min.** **Garzeit: 1 Std.**

*Die fruchtige Frische der Preiselbeer-Apfel-Sauce harmoniert herrlich mit dem saftigen, lockeren Schokoladenkuchen. Dazu passt perfekt die cremige Sauce aus Zartbitterschokolade mit verschiedenen duftenden Aromen.*

## ZUTATEN

**4 EL Butter, plus etwas mehr zum Einfetten**
**4 EL brauner Zucker, plus etwas mehr zum Bestreuen**
**85 g Preiselbeeren**
**1 großer Kochapfel, geschält, entkernt und gewürfelt**
**2 Eier, leicht verquirlt**
**80 g Mehl**
**½ TL Backpulver**
**3 EL Kakaopulver**

SAUCE

**175 g Zartbitterschokolade, in Stücke gebrochen**
**400 ml Kondensmilch**
**1 TL Vanillearoma**
**1 TL Bittermandelaroma**

| NÄHRWERTANGABEN | |
|---|---|
| Kilokalorien | 733 |
| Eiweiß | 17 g |
| Kohlenhydrate | 74 g |
| Zucker | 55 g |
| Fett | 43 g |
| davon gesättigt | 26 g |

### Variation

Kondensmilch durch Crème double ersetzen. Rühren Sie diese in Schritt 3 ein, nachdem die Schokolade geschmolzen ist.

1

2

3

### Tipp

Die Sauce schmeckt am besten, wenn Sie eine Zartbitterschokolade mit einem Kakaogehalt von mindestens 70 Prozent verwenden.

1 Eine Glasschüssel (1,25 l Inhalt) einfetten und die Seiten mit Zucker bestreuen. (Überschüssigen Zucker entfernen.) Die Preiselbeeren mit den Apfelstücken vermischen und in die Schüssel geben.

2 Butter, Zucker und Eier in eine große Schüssel geben. Mehl, Backpulver und Kakaopulver darüber sieben und alles gut vermengen. Die Mischung über die Früchte geben, die Schüssel mit Alufolie abdecken und mit einer festen Schnur festbinden. Die Schüssel in ein Wasserbad stellen und ca. 1 Stunde dämpfen, bis der Pudding aufgeht. Bei Bedarf etwas kochendes Wasser zugießen.

3 Inzwischen für die Sauce die Schokolade und die Milch in eine hitzebeständige Schüssel geben. Die Schüssel in ein Wasserbad setzen und die Schokolade unter Rühren langsam schmelzen. Vom Herd nehmen und die Aromen einrühren, dabei so lange rühren, bis die Sauce cremig ist.

4 Zum Servieren den Kuchen aus dem Wasserbad nehmen und Alufolie und Schnur entfernen. Mit einem Messer den Kuchen aus der Schüssel lösen und auf einen Servierteller stürzen. Sofort mit der Sauce servieren.

# Englischer Winterpudding

**Garzeit: 1 Std. 30 Min.** **Vorbereitung: 15 Min.** **Für 6 Personen**

| NÄHRWERTANGABEN | |
|---|---|
| Kilokalorien | 488 |
| Eiweiß | 5 g |
| Kohlenhydrate | 78 g |
| Zucker | 56 g |
| Fett | 19 g |
| davon gesättigt | 4 g |

### Variation

Statt des gemahlenen Zimtes können Sie auch Lebkuchengewürz verwenden.

*Dieser traditionelle englische Pudding schmeckt vor allem an kalten Wintertagen besonders gut.*

**ZUTATEN**

**2 EL heller Sirup (z. B. Ahornsirup), plus etwas mehr zum Servieren**
**175 g Mehl**
**1½ TL Backpulver**
**125 g Butter oder Margarine, zerlassen**
**125 g feiner oder hellbrauner Zucker**
**2 Eier**
**¾ TL Zimt**
**abgeriebene Schale von 1 Orange**
**1 EL Orangensaft**
**90 g Sultaninen**
**40 g Ingwerpflaumen, fein gehackt**
**1 Apfel, geschält, entkernt und geraspelt**

3

4

4

### Tipp

Um den Kuchen leichter aus dem Wasserbad zu heben, können Sie mit einer Schnur einen „Henkel" machen, den Sie an der Schnur befestigen, die Backpapier und Alufolie zusammenhält (siehe Bild).

1 Eine Glasschüssel (850 ml Inhalt) einfetten. Den Sirup hineingießen.

2 Mehl und Backpulver vermengen. Butter oder Margarine und Zucker schaumig schlagen. Nach und nach die Eier zugeben und nach jedem Ei 1 Esslöffel der Mehlmischung einrühren.

3 Das übrige Mehl mit Zimt über den Teig sieben und unterziehen. Dann Orangenschale und -saft zugeben, die Sultaninen unterheben und zuletzt Ingwer und Apfel einrühren.

4 Den Teig in die vorbereitete Schüssel geben, glatt streichen und mit einem Stück Backpapier abdecken. Das Backpapier noch einmal mit Alufolie abdecken und diese mit einer festen Schnur am Rand der Schüssel befestigen. Einen Teil der Schnur zu einem Griff binden, um das spätere Herausnehmen der Schüssel aus dem Topf etwas zu erleichtern. Die Schüssel in ein Wasserbad stellen und abdecken. 90 Minuten dämpfen. Bei Bedarf etwas Wasser nachfüllen.

5 Zum Servieren Alufolie und Backpapier entfernen und den fertigen Pudding auf einen vorgewärmten Teller stürzen. In Scheiben schneiden und noch heiß mit etwas Sirup servieren.

# Exotischer Obst-Crumble

**Für 4 Personen** **Vorbereitung: 10 Min.** **Garzeit: 50 Min.**

*Ingwer und Kokosnuss verleihen diesem Crumble einen erfrischenden exotischen Geschmack – außergewöhnlich gut.*

**ZUTATEN**

**2 Mangos, in Scheiben**
**1 Papaya, entkernt und in Scheiben**
**250 g frische Ananas, gewürfelt**
**1½ TL Ingwerpulver**
**100 g Margarine**
**100 g hellbrauner Zucker**
**175 g Mehl**
**50 g Kokosraspel, plus etwas mehr zum Dekorieren**

**NÄHRWERTANGABEN**

| | |
|---|---|
| Kilokalorien | 602 |
| Eiweiß | 6 g |
| Kohlenhydrate | 84 g |
| Zucker | 51 g |
| Fett | 29 g |
| davon gesättigt | 11 g |

1

2

2

**Variation**

Im Sommer schmeckt ein Crumble besonders gut mit frischem Obst, wie z. B. Brombeeren, Äpfeln und Pflaumen.

1 Den Ofen auf 180 °C vorheizen. Die Früchte mit ½ Teelöffel Ingwer, 30 g Margarine und 50 g Zucker in einen Topf geben und bei geringer Hitze 10 Minuten weich kochen. Dann in eine flache Auflaufform geben.

2 Das Mehl mit dem restlichen Ingwer mischen. Die verbliebene Margarine mit den Fingern einkneten, bis ein feinkrümeliger Teig entsteht. Dann den restlichen Zucker sowie die Kokosraspel einrühren und die Streusel über das Obst in der Form verteilen.

3 Den Crumble im Ofen etwa 40 Minuten knusprig backen. Mit den restlichen Kokosraspeln dekorieren und servieren.

# Rhabarber-Orangen-Crumble

**Garzeit: 45 Min.** **Vorbereitung: 15 Min.** **Für 6 Personen**

*Rhabarber und Äpfel werden mit Orangenschale, braunem Zucker und aromatischen Gewürzen verfeinert. Den Abschluss bildet ein Belag aus knusprigen Streuseln.*

| NÄHRWERTANGABEN | |
|---|---|
| Kilokalorien | 516 |
| Eiweiß | 6 g |
| Kohlenhydrate | 77 g |
| Zucker | 45 g |
| Fett | 22 g |
| davon gesättigt | 4 g |

**ZUTATEN**

**500 g Rhabarber**
**500 g Kochäpfel**
**abgeriebene Schale und Saft von 1 Orange**
**½–1 TL Zimt**
**90 g hellbrauner Zucker**

**STREUSEL**

**225 g Mehl**
**125 g Butter oder Margarine**
**125 g hellbrauner Zucker**
**50 g Haselnüsse, geröstet und gehackt**
**2 EL brauner Zucker (nach Belieben)**

2

3

3

**Tipp**

Bei der Zubereitung sollten Sie unbedingt darauf achten, dass Sie die Form nur etwa zu zwei Dritteln mit Obst füllen. Dann haben Sie ausreichend Platz für die Streusel.

1 Den Ofen auf 200 °C vorheizen. Den Rhabarber in 2,5 cm große Stücke schneiden und in einen großen Topf geben.

2 Die Äpfel schälen, entkernen, in Scheiben schneiden und mit Orangenschale und -saft zum Rhabarber geben. Die Fruchtmischung aufkochen, dann die Hitze reduzieren und die Früchte 2–3 Minuten köcheln lassen, bis sie weich werden. Die Früchte mit Zimt und Zucker vermengen und in eine Auflaufform füllen.

3 Das Mehl in eine Schüssel sieben und mit Butter oder Margarine zu einem feinkrümeligen Teig verarbeiten. Dann den Zucker, zuletzt die Nüsse unterrühren. Das Obst gleichmäßig mit dem Streuselteig belegen. Die Streusel glatt streichen und nach Belieben mit Zucker bestreuen.

4 Den Frucht-Crumble im Ofen 30–40 Minuten goldbraun backen. Anschließend heiß oder kalt servieren.

# Apfel-Beignets

**Für 4 Personen** **Vorbereitung: 15 Min.** **Garzeit: 15 Min.**

*Äpfel in einen leichten würzigen Teig gehüllt und knusprig goldgelb ausgebacken – servieren Sie sie warm mit einer exotischen Mandelsauce.*

**ZUTATEN**

**100 g Mehl**
**1 Prise Salz**
**½ TL Zimt**
**175 ml warmes Wasser**
**4 TL Öl**
**2 Eiweiß**
**2 Äpfel, geschält**
**Sonnenblumenöl, zum Frittieren**
**Zucker und Zimt, zum Dekorieren**

SAUCE

**150 g Naturjoghurt**
**2–3 Tropfen Bittermandelaroma**
**2 TL flüssiger Honig**

| NÄHRWERTANGABEN | |
|---|---|
| Kilokalorien | 538 |
| Eiweiß | 6 g |
| Kohlenhydrate | 35 g |
| Zucker | 15 g |
| Fett | 32 g |
| davon gesättigt | 4 g |

**Variation**

Sie können auch Bananen mit dem Teig ausbacken. Ersetzen Sie die Hälfte der Äpfel durch Bananen.

2

3

3

**Tipp**

Das Frittieröl muss ausreichend heiß sein, sonst saugt der Teigmantel zu viel Fett auf und wird nicht leicht und knusprig.

1 Mehl und Salz in eine große Schüssel sieben. Den Zimt zufügen und sorgfältig unterrühren. Dann Wasser und Öl zugießen und alles zu einem glatten, geschmeidigen Ausbackteig verrühren.

2 Das Eiweiß steif schlagen und behutsam unter den Teig ziehen.

3 Die Äpfel grob würfeln und die einzelnen Würfel mit Teig überziehen. Das Frittieröl auf 180 °C erhitzen. Die Apfelstücke, gegebenenfalls portionsweise, zugeben und 3–4 Minuten goldbraun ausbacken. Die fertigen Beignets mit einem Schaumlöffel aus dem Öl nehmen und auf Küchenpapier abtropfen lassen.

4 Zucker und Zimt vermengen und über die noch warmen Beignets streuen. Alle Zutaten für die Sauce vermengen, in eine kleine Servierschale füllen und zu den Beignets reichen.

# Beeren-Clafoutis

**Garzeit: 50 Min.**

**Vorbereitung: 15 Min., plus 1 Std. 30 Min. Ruhezeit**

**Für 4 Personen**

| NÄHRWERTANGABEN | |
|---|---|
| Kilokalorien | 228 |
| Eiweiß | 9 g |
| Kohlenhydrate | 42 g |
| Zucker | 26 g |
| Fett | 2 g |
| davon gesättigt | 1 g |

### Variation

Auch andere frische Beerenfrüchte, wie Johannisbeeren, Stachelbeeren, Brombeeren oder auch Kirschen, schmecken hervorragend in einem Clafoutis.

*Dieser fruchtig-frische französische Dessert-Klassiker kann warm oder kalt gereicht werden. Servieren Sie ihn mit Joghurt.*

### ZUTATEN

- **500 g gemischte Beeren, z. B. Blaubeeren, Himbeeren, Erdbeeren**
- **4 EL Fruchtlikör, z. B. Crème de cassis, Kirsch- oder Himbeerlikör**
- **4 EL Magermilchpulver**
- **125 g Weizenmehl**
- **1 Prise Salz**
- **60 g Zucker**
- **2 Eier, verquirlt**
- **300 ml Magermilch**
- **1 TL Vanillearoma**
- **2 TL Puderzucker, zum Dekorieren**

**ZUM SERVIEREN**

- **frische Beeren**
- **fettarmer Joghurt**

1

2

2

### Tipp

Wenn Sie die Früchte vor der Verwendung eine Stunde ins Gefrierfach stellen, werden sie schön weich. Dies ist besonders gut beim Servieren: Der Clafoutis lässt sich leicht in Stücke schneiden.

1 Den Ofen auf 200 °C vorheizen. Die Beeren in eine Schüssel geben und mit dem Fruchtlikör beträufeln. Abdecken und 1 Stunde im Kühlschrank marinieren.

2 Milchpulver, Mehl, Salz und Zucker in einer großen Rührschüssel mischen. Eine Vertiefung in die Mitte drücken. Eier, Milch und Vanillearoma in die Vertiefung geben und mit einem Schneebesen nach und nach mit den trockenen Zutaten zu einer glatten Masse verarbeiten. In einen Krug umfüllen und 30 Minuten stehen lassen. Den Boden einer runden Auflaufform (24 cm Durchmesser) mit Backpapier auslegen und die Früchte mit dem Saft darauf verteilen.

3 Die Clafoutis-Mischung kurz aufschlagen und über die Beeren gießen. Die Form auf ein Backblech setzen und 50 Minuten im Ofen backen, bis der Clafoutis goldbraun ist. Den Clafoutis mit Puderzucker bestäuben. Warm oder kalt mit frischen Beeren und Joghurt servieren.

# Honigkuchen-Pudding

**Für 4 Personen** **Vorbereitung: 25 Min., plus 8 Std. 20 Min. Kühlzeit** **Garzeit: 10 Min.**

*Ein schnell gemachter Pudding, dessen fruchtig-aromatische Füllung vor allem in der kalten Jahreszeit besonders gut schmeckt.*

### ZUTATEN

**300 g Honigkuchen**
**150 g getrocknete Aprikosen, grob gehackt**
**90 g getrocknete Äpfel, grob gehackt**
**420 ml Orangensaft**
**1 TL abgeriebene Orangenschale**
**2 EL Orangenlikör**
**abgeriebene Orangenschale, zum Garnieren**
**Magerquark oder saure Sahne, zum Servieren**

| NÄHRWERTANGABEN | |
|---|---|
| Kilokalorien | 447 |
| Eiweiß | 9 g |
| Kohlenhydrate | 80 g |
| Zucker | 68 g |
| Fett | 11 g |
| davon gesättigt | 5 g |

### Variation

Bevor Sie in Schritt 1 die Früchte kochen, können Sie zur geschmacklichen Verfeinerung noch 1 Esslöffel Sultaninen zugeben.

### Tipp

Verwenden Sie in diesem Rezept fleischige Aprikosen, da Sie diese nicht einzuweichen brauchen. Im fertigen Pudding schmecken sie besonders saftig.

1. Den Honigkuchen in 5 mm dicke Scheiben schneiden. Aprikosen, Äpfel und Orangensaft in einem Topf aufkochen und 10 Minuten köcheln lassen. Das Obst mit einem Schaumlöffel herausnehmen und auf einem Teller abkühlen lassen. Orangenschale und Orangenlikör einrühren. Den Fruchtsirup im Topf aufbewahren.

2. 4 kleine Souffléförmchen (175 ml) mit Backpapier auslegen.

3. Aus den Honigkuchenscheiben 4 Kreise ausschneiden, die genau in die Förmchen passen. Weitere Stücke ausschneiden, um den Boden und die Seiten der Förmchen auszulegen. Die Honigkuchenscheiben im Fruchtsirup einweichen und dann die Förmchen damit auslegen. Überstehendes Brot abschneiden. Das Obst einfüllen, fest andrücken und mit den Honigbrotkreisen bedecken.

4. Mit Backpapier abdecken und auf jede Form ein Gewicht von 250 g stellen (z. B. eine Konservendose). Über Nacht in den Kühlschrank stellen.

5. Gewichte und Backpapier herunternehmen. Die Puddinge vorsichtig auf 4 Teller stürzen. Das Backpapier entfernen. Mit Orangenschale dekorieren und mit Magerquark oder Sahne servieren.

# Englischer Brotpudding

**Für 4 Personen** **Vorbereitung: 20 Min., plus 10 Min. Ruhezeit** **Garzeit: 35–45 Min.**

*Der Pudding wird mit Brioche zubereitet. Man kann aber auch festes Weißbrot verwenden.*

**ZUTATEN**

**250 g Brioche**

**1 EL Butter**

**50 g Schokoladenstreusel**

**1 Ei**

**2 Eigelb**

**4 EL Zucker**

**425 ml Kondensmilch**

| NÄHRWERTANGABEN | |
|---|---|
| Kilokalorien | 440 |
| Eiweiß | 17 g |
| Kohlenhydrate | 60 g |
| Zucker | 33 g |
| Fett | 16 g |
| davon gesättigt | 33 g |

1

2

4

**Variation**

Die Milch in Schritt 4 mit 1 Esslöffel Kakao anrühren und erwärmen. Den Kakao sorgfältig verrühren.

1 Den Ofen auf 180 °C vorheizen. Die Brioche in dünne Scheiben schneiden. Jede Scheibe von einer Seite leicht mit Butter bestreichen. Eine Lage Brioche mit der Butterseite nach unten in eine Auflaufform legen. Mit Schokoladenstreuseln bestreuen. Weitere Briochescheiben in die Form legen und mit Schokoladenstreuseln bestreuen.

2 Ei, Eigelb und Zucker schaumig rühren. Die Milch in einem kleinen Topf erwärmen, bis sie köchelt, dann mit einem Schneebesen langsam in die Eimischung einrühren.

3 Die Ei-Milch-Mischung über die Briocheschichten gießen. Den Pudding 5 Minuten ruhen lassen. Dann die Briochescheiben in die Flüssigkeit drücken.

4 Die Auflaufform in eine hohe Backform stellen. Die Form bis zur halben Höhe der Auflaufform mit kochendem Wasser auffüllen. Den Pudding im Ofen 30 Minuten backen, bis die Ei-Milch-Mischung gestockt ist. Den Pudding vor dem Servieren 5 Minuten ruhen lassen.

# Ingwer-Aprikosen-Alaska

**Garzeit: 10 Min.** **Vorbereitung: 15 Min.** **Für 2 Personen**

*In diesem Alaska finden Sie kein Eis, sondern eine Mischung aus in Orangensaft pochierten Äpfeln und Aprikosen in einem Baiser.*

| NÄHRWERTANGABEN | |
|---|---|
| Kilokalorien | 442 |
| Eiweiß | 7 g |
| Kohlenhydrate | 83 g |
| Zucker | 77 g |
| Fett | 9 g |
| davon gesättigt | 3 g |

**ZUTATEN**

**2 Scheiben dunkler Ingwerkuchen, etwa 2 cm dick**
**1–2 EL Ingwerwein oder Rum**
**1 Apfel**
**6 getrocknete Aprikosen, gehackt**
**4 EL Orangensaft oder Wasser**
**15 g Mandelblättchen**
**2 kleine Eiweiß**
**100 g Zucker**

**Variation**

Eis auf das Obst legen, bevor der Baiser darüber kommt. Das Dessert muss dann sofort gegessen werden, wenn es aus dem Ofen kommt.

1 Den Ofen auf 200 °C vorheizen. Die Ingwerkuchenscheiben auf einen Teller legen und mit Ingwerwein oder Rum beträufeln.

2 Den Apfel vierteln, entkernen und in einen kleinen Topf schneiden. Aprikosen und Orangensaft oder Wasser zugeben und alles bei geringer Hitze etwa 5 Minuten köcheln lassen, bis die Früchte weich sind. Die Mandelblättchen einrühren und die fertige Mischung auf dem beträufelten Kuchen verteilen; dabei in der Mitte anhäufen.

3 Das Eiweiß steif schlagen. Nach und nach den Zucker einrühren; dabei darauf achten, dass der Eischnee immer wieder steif ist, bevor mehr Zucker zugegeben wird.

4 Die Baisermasse über das Obst und den Kuchen spritzen. Dabei Obst und Kuchen vollständig bedecken. Im Ofen 4–5 Minuten backen, bis er goldbraun geworden ist. Dann noch heiß servieren.

# Fruchtige Crêpetaschen

**Garzeit: 35 Min.**

**Vorbereitung: 15 Min., plus 15 Min. Kühlzeit**

**Für 2 Personen**

| NÄHRWERTANGABEN | |
|---|---|
| Kilokalorien | 610 |
| Eiweiß | 19 g |
| Kohlenhydrate | 94 g |
| Zucker | 60 g |
| Fett | 20 g |
| davon gesättigt | 5 g |

### Variation

Die getrockneten Aprikosen können nach Belieben durch andere getrocknete Früchte ersetzt werden.

*Hier werden Crêpes mit einer Creme aus Aprikosen, Ingwer und Nüssen gefüllt und mit einer fruchtigen Himbeer-Orangen-Sauce serviert.*

**ZUTATEN**

- **60 g Weizenmehl**
- **1 Prise Salz**
- **¼ TL gemahlener Zimt**
- **1 Ei**
- **140 ml Milch**
- **Fett, für die Pfanne**

**FÜLLUNG**

- **1½ TL Mehl**
- **1½ TL Speisestärke**
- **1 EL Zucker**
- **1 Ei**
- **150 ml Milch**
- **25 g Nüsse, gehackt**
- **1 Stück kandierter Ingwer, fein gehackt**
- **40 g getrocknete Aprikosen, gehackt**

**SAUCE**

- **3 EL Himbeermarmelade**
- **4½ TL Orangensaft**
- **fein abgeriebene Schale von ½ Orange**

### Tipp

Damit die Crêpes dünn werden, die Pfanne kreisen, nachdem der Teig zugefügt wurde, damit er gleichmäßig verteilt wird. Wichtig ist auch, dass das Fett sehr heiß ist und die Crêpes schnell ausgebacken werden.

**1** Den Backofen auf 180 °C vorheizen. Für den Crêpeteig Mehl, Salz und Zimt in eine Schüssel sieben und eine Vertiefung eindrücken. Ei und Milch in die Vertiefung gießen und zu einem glatten Teig verarbeiten.

**2** Fett in einer Pfanne erhitzen, die Hälfte des Teiges in die Pfanne geben und 2 Minuten backen, bis die Crêpe leicht braun ist. Wenden und 1 Minute goldbraun backen. Aus der Pfanne nehmen und die zweite Crêpe backen.

**3** Für die Füllung Mehl, Speisestärke und Zucker mit dem Ei verquirlen. Die Milch in einem Topf erhitzen und 2 Esslöffel davon mit der Mehlmischung verrühren. Die Mehlmischung in die Milch einrühren und unter ständigem Rühren eindicken. Vom Herd nehmen. Mit Frischhaltefolie abdecken, damit sich keine Haut bildet. Abkühlen lassen.

**4** Nüsse, Ingwer und Aprikosen unter die abgekühlte Creme mischen und je 1 gehäuften Esslöffel in die Mitte der Crêpes setzen. Die Crêpes zu Bündeln zusammendrücken und 15–20 Minuten backen.

**5** Für die Sauce in einem Topf bei mittlerer Hitze Marmelade im Orangensaft zerlassen. Die Sauce durch ein Sieb passieren. Mit der Orangenschale wieder in den Topf geben und erwärmen. Mit den Crêpes servieren.

# Himbeer-Pavlovas

**Für 4 Personen** **Vorbereitung: 10 Min., plus 1 Std. 10 Min. Kühlzeit** **Garzeit: 55 Min.**

*Diese schlichte Kombination aus Eischnee, Frischkäse und Himbeeren verhilft jeder Mahlzeit zu einem krönenden Abschluss.*

**ZUTATEN**

**2 große Eiweiß**
**1 TL Speisestärke**
**1 TL Himbeeressig**
**100 g brauner Zucker ohne Klümpchen**
**2 EL rotes Johannisbeergelee**
**2 EL ungesüßter Orangensaft**
**150 g fettarmer Frischkäse oder Quark**
**200 g Himbeeren, Tiefkühlware aufgetaut**
**Duftgeranienblätter, zum Dekorieren (nach Belieben)**

| NÄHRWERTANGABEN | |
|---|---|
| Kilokalorien | 155 |
| Eiweiß | 5 g |
| Kohlenhydrate | 35 g |
| Zucker | 34 g |
| Fett | 0,2 g |
| davon gesättigt | 0 g |

**Tipp**

Für eine große Pavlova streichen Sie den Teig zu einem Kreis von 18 cm Durchmesser aus. Die Backzeit verlängert sich dann auf 1 Stunde.

1 Den Backofen auf 150 °C vorheizen. Ein großes Backblech mit Backpapier auslegen. Das Eiweiß in einer großen, sauberen Schüssel steif schlagen. Dann vorsichtig Speisestärke und Essig unterrühren.

2 Den Zucker löffelweise zugeben und unterrühren, bis eine glänzende, feste Baiser-Masse entsteht. Die Baiser-Masse in 4 Portionen aufteilen und diese mit genügend Abstand auf das Backblech setzen. Diese Portionen zu Kreisen von etwa 10 cm Durchmesser verstreichen und 40–45 Minuten im Ofen backen, bis sie hellbraun und knusprig sind. Dann abkühlen lassen.

3 Johannisbeergelee und Orangensaft in einen kleinen Topf geben. Unter Rühren erwärmen, bis das Gelee schmilzt. Dann 10 Minuten abkühlen lassen.

4 Die abgekühlten Baisers mit einem Palettmesser vom Blech nehmen und auf Teller legen. Mit Frischkäse bestreichen und mit den Himbeeren belegen. Die Geleemischung darüber gießen, garnieren und servieren.

# Erdbeerrolle

**Garzeit: 10 Min.** **Vorbereitung: 30 Min., plus 20 Min. Kühlzeit** **Für 8 Personen**

*Servieren Sie diese leichte Biskuitrolle mit der Mandel-Erdbeer-Füllung zum Nachmittagskaffee.*

| NÄHRWERTANGABEN | |
|---|---|
| Kilokalorien | 166 |
| Eiweiß | 6 g |
| Kohlenhydrate | 30 g |
| Zucker | 19 g |
| Fett | 3 g |
| davon gesättigt | 1 g |

**ZUTATEN**

**3 große Eier**
**125 g Zucker**
**125 g Mehl**
**1 EL heißes Wasser**

**GARNIERUNG**

**1 EL geröstete Mandelblättchen**
**1 TL Puderzucker**

**FÜLLUNG**

**200 g fettarmer Frischkäse oder Quark**
**5 Tropfen Mandelaroma**
**250 g kleine Erdbeeren**

2

3

5

**Tipp**

Um die Backform auszulegen, ein Stück Backpapier nehmen, das ca. 8 cm länger als die Form ist. Das Papier in die Form legen, die Ecken gut andrücken und überstehendes Papier abschneiden.

1 Den Backofen auf 220 °C erhitzen. Ein Backblech (25 cm x 35 cm) mit Backpapier auslegen.

2 Eier und Zucker in eine Schüssel geben, über einen Topf mit heißem Wasser setzen und die Mischung aufschlagen, bis sie cremig ist. Die Schüssel vom Topf nehmen. Das Mehl einsieben und mit dem heißen Wasser unter die Eiermasse heben. Den fertigen Teig auf das Blech streichen und im Ofen 8–10 Minuten backen, bis er fest ist.

3 Die Teigplatte auf ein weiteres großes Stück Backpapier stürzen. Das Papier auf der Oberseite abziehen und den Biskuit mit dem unteren Backpapier aufrollen. Die Rolle in ein Geschirrtuch hüllen und abkühlen lassen.

4 Für die Füllung Frischkäse und Bittermandelaroma verrühren. Einige Erdbeeren für die Garnierung beiseite legen, die übrigen waschen und in Scheiben schneiden. Die Creme in den Kühlschrank stellen.

5 Die erkaltete Biskuitrolle ausrollen, mit der Käsecreme bestreichen und mit den Erdbeeren belegen. Dann vorsichtig wieder aufrollen. Anschließend die fertige Erdbeerrolle mit den gerösteten Mandelblättchen bestreuen, mit Puderzucker bestäuben und mit den restlichen Erdbeeren dekorieren. Als Rolle oder in Stücke geschnitten servieren.

# Schokoladen-Nuss-Rolle

**Für 8 Personen** **Vorbereitung: 30 Min., plus 1 Std. Kühlzeit** **Garzeit: 25 Min.**

*Durch Nüsse und Rosinen erhält diese Biskuitrolle einen besonderen Geschmack, der an Schokoladen-Brownies erinnert.*

**ZUTATEN**

**150 g Bitterschokolade, grob gehackt**
**3 EL Wasser**
**5 Eier, getrennt**
**175 g Zucker**
**25 g Rosinen, gehackt**
**25 g Pekannüsse, gehackt**
**1 Prise Salz**
**300 g Schlagsahne, leicht geschlagen**
**Puderzucker, zum Bestäuben**

NÄHRWERTANGABEN

| | |
|---|---|
| Kilokalorien | 430 |
| Eiweiß | 6 g |
| Kohlenhydrate | 39 g |
| Zucker | 37 g |
| Fett | 29 g |
| davon gesättigt | 16 g |

**Variation**

Sie können die gehackten Pekannüsse durch andere Nüsse ersetzen, z. B. durch Walnüsse.

**Tipp**

Für diese Schokoladenrolle sollte nur hochwertige Schokolade mit einem Mindestgehalt von 70 Prozent Kakao verwendet werden.

1 Den Ofen auf 180 °C vorheizen. Eine Backform (30 cm x 20 cm) einfetten und mit Backpapier auslegen.

2 Die Schokolade mit dem Wasser in einem kleinen Topf unter Rühren vorsichtig schmelzen. Dann leicht abkühlen lassen.

3 Eigelb und Zucker 2–3 Minuten schlagen, bis eine dickflüssige Creme entsteht. Dann Schokolade, Rosinen und Pekannüsse unterrühren.

4 Das Eiweiß salzen und steif schlagen. Erst ein Viertel des Eischnees, dann den Rest nach und nach unter die Schokoladenmischung heben.

Diesen Teig in die Form füllen und 25 Minuten backen, bis er gerade fest ist. Kurz abkühlen lassen, dann mit Backpapier und einem feuchten Küchentuch abdecken und ganz abkühlen lassen.

5 Den Teig auf ein zweites, mit Puderzucker bestäubtes Backpapier stürzen. Das obere Papier entfernen.

6 Die Sahne auf dem Teig verstreichen. Von einer kurzen Seite her den Teig einrollen. Dabei das Papier zu Hilfe nehmen. Die Enden der fertigen Rolle gerade schneiden, die Rolle auf eine Kuchenplatte legen und bis zum Verzehr kalt stellen. Nach Belieben mit Puderzucker bestäuben.

# Schoko-Pekannuss-Kuchen

**Garzeit: 1 Std. 15 Min.**

**Vorbereitung: 40 Min., plus 2 Std. Kühlzeit**

**Für 8 Personen**

*Dieser klassische amerikanische Kuchen mit Pekannüssen und Schokolade hat nicht nur Biss, er ist auch einfach unwiderstehlich.*

## NÄHRWERTANGABEN

Kilokalorien ............994

Eiweiß ................13 g

Kohlenhydrate ..........80 g

Zucker ................48 g

Fell ..................72 g

davon gesättigt .........28 g

## Variation

Setzen Sie auf den Kuchen zwischen die Pekanüsse kleine Sahnehäubchen. Lassen Sie dann den Puderzucker weg.

## ZUTATEN

**TEIG**

**280 g Mehl**
**6 EL Kakaopulver**
**120 g Puderzucker**
**1 Prise Salz**
**200 g Butter, gewürfelt**
**1 Eigelb**

**BELAG**

**90 g Zartbitterschokolade, in kleinen Stücken**
**350 g Pekannüsse**
**90 g Butter**
**175 g brauner Zucker**
**3 Eier**
**2 EL Crème double**
**2 EL Mehl**
**1 EL Puderzucker, zum Bestäuben**

## Tipp

Beim Blindbacken die Bohnen gleichmäßig über den Teigboden verteilen, sonst bilden sich im Teig Luftblasen. Der Kuchenboden wird dadurch uneben.

**1** Mehl, Kakao, Zucker und Salz in eine Schüssel sieben, eine Mulde in die Mitte drücken. Butter und Eigelb hineingeben. Trockenzutaten nach und nach untermischen. Durchkneten und zu einer Kugel formen. In Frischhaltefolie gewickelt 1 Stunde in den Kühlschrank stellen. Den Ofen auf 180 °C vorheizen. Den Teig auswickeln, auf einer mit Mehl bestäubten Arbeitsfläche ausrollen. Eine beschichtete Kuchenform von 26 cm Durchmesser damit auslegen. Teig mit einer Gabel einstechen, mit Backpapier bedecken und mit Bohnen beschweren. 15 Minuten backen. Herausnehmen, Bohnen und Backpapier entfernen und den Kuchenboden abkühlen lassen.

**2** Für den Belag Schokolade im Wasserbad schmelzen. Beiseite stellen. 250 g Pekannüsse grob hacken und beiseite stellen. Butter mit 50 g Zucker verrühren. Die Eier einzeln unterrühren, dann den übrigen Zucker zugeben und gut verrühren. Crème double, Mehl, geschmolzene Schokolade und die gehackten Pekannüsse unterheben. Belag auf dem Kuchenboden verteilen. Die übrigen Pekannüsse halbieren und im Kreis auf dem Kuchen verteilen.

**3** 30 Minuten backen, dann mit Alufolie abdecken und weitere 25 Minuten backen. Kuchen etwas abkühlen lassen, aus der Form lösen. Ganz abkühlen lassen. Mit Puderzucker bestäuben.

# Windbeutel mit Bananensahne

**Für 4 Personen** **Vorbereitung: 20 Min., plus 30 Min. Kühlzeit** **Garzeit: 30 Min.**

*Windbeutel sind ein beliebtes Gebäck. In diesem Rezept wird die Füllung mit Bananenlikör aromatisiert. Eine unwiderstehliche Versuchung.*

## ZUTATEN

**BRANDTEIG**

**60 g Butter**
**150 ml Wasser**
**90 g Mehl, gesiebt**
**2 Eier**

**FÜLLUNG**

**300 g Schlagsahne**
**1 Banane**
**25 g Puderzucker**
**2 EL Bananenlikör**

**SCHOKOLADENSAUCE**

**100 g Zartbitterschokolade, in kleinen Stücken**
**2 EL Wasser**
**50 g Puderzucker**
**25 g Butter**

### NÄHRWERTANGABEN

| | |
|---|---|
| Kilokalorien | 890 |
| Eiweiß | 9 g |
| Kohlenhydrate | 63 g |
| Zucker | 45 g |
| Fett | 68 g |
| davon gesättigt | 12 g |

### Variation

Sie können den Bananenlikör für die Füllung nach Belieben auch durch einige Tropfen Mandelaroma ersetzen.

1

1

2

### Tipp

Die Bananenwindbeutel sehen besonders gut aus, wenn sie in Pyramidenform angerichtet werden. Dazu die Windbeutel in mehreren Lagen, die nach oben kleiner werden, aufeinander schichten.

**1** Den Ofen auf 220 °C vorheizen. Ein Backblech leicht einfetten und mit etwas Wasser besprenkeln. Für den Brandteig die Butter in kleine Stückchen schneiden und mit dem Wasser erhitzen, bis sie geschmolzen ist, dann kurz aufkochen. Den Topf vom Herd nehmen und das Mehl auf einmal zugeben und kräftig rühren, bis sich der Teig vom Topfrand löst und einen Klumpen bildet. Leicht abkühlen lassen, dann unter ständigem Rühren nach und nach die Eier zugeben, bis ein glatter, glänzender Teig entsteht. Den Teig in einen Spritzbeutel mit Lochtülle (10 mm Durchmesser) füllen.

**2** 18 Teigbällchen auf das Backblech spritzen, dabei auf genügend Abstand achten. 15–20 Minuten backen. Aus dem Ofen nehmen und seitlich je einen kleinen Schlitz schneiden, damit der Dampf entweichen kann. Auf einem Kuchengitter abkühlen lassen.

**3** Für die Sauce Zartbitterschokolade, Wasser, Puderzucker und Butter im Wasserbad erhitzen und zu einer glatten Sauce verrühren. Die Sahne steif schlagen, die Bananen zerdrücken und mit Zucker und Likör verrühren. Die Masse unter die Sahne heben. In einen Spritzbeutel mit Lochtülle (10 mm Durchmesser) füllen und die Windbeutel mit der Bananensahne füllen. Mit Schokoladensauce übergießen und servieren.

# Schokoladen-Himmel

**Für 6 Personen** **Vorbereitung: 20 Min., plus 1 Std. Kühl- und Ruhezeit** **Garzeit: 5 Min.**

*Dieses unglaublich einfache Dessert kann innerhalb weniger Minuten zubereitet werden.*

**ZUTATEN**

**120 g Schokolade, in Stücken**

**4 Eier, getrennt**

**600 g Schlagsahne**

**geröstete Mandelstifte, zum Garnieren**

| NÄHRWERTANGABEN | |
|---|---|
| Kilokalorien | 600 |
| Eiweiß | 7 g |
| Kohlenhydrate | 15 g |
| Zucker | 14 g |
| Fett | 57 g |
| davon gesättigt | 34 g |

**Variation**

Sie können das Schokoladendessert in Schritt 4 zusätzlich mit Schokoladenstreuseln dekorieren.

1 Die Schokolade in eine hitzebeständige Schale geben und im Wasserbad schmelzen: Dabei gelegentlich rühren. Aus dem Wasserbad nehmen und etwas abkühlen lassen. Eigelb unterrühren.

2 Das Eiweiß in einer fettfreien Schüssel steif schlagen, dann unter die Schokoladenmasse heben. Die Mischung 30 Minuten ruhen lassen.

3 300 g Sahne steif schlagen. Die Hälfte der steif geschlagenen Sahne unter die Schokoladenmischung ziehen. Dann die Hälfte dieser Masse in 6 Dessertgläser füllen. Darauf die restliche geschlagene Sahne verteilen und mit der restlichen Schokoladenmischung bedecken. Die Gläser mit Frischhaltefolie abdecken und 30 Minuten kalt stellen.

4 Vor dem Servieren die restliche Sahne steif schlagen. Auf jedes Dessertglas eine Sahnehaube setzen und mit Mandelstiften dekorieren.

# Sahnecreme mit Zitrone

**Garzeit: 0 Min.**

**Vorbereitung: 15 Min., plus 4 Std. Kühl- und Ruhezeit**

**Für 4 Personen**

*Dieses Dessert ist sehr gehaltvoll – und sehr köstlich. Wegen des hohen Sahneanteils ist es aber nicht für Kalorienbewusste geeignet.*

| NÄHRWERTANGABEN | |
|---|---|
| Kilokalorien | 403 |
| Eiweiß | 2 g |
| Kohlenhydrate | 16 g |
| Zucker | 16 g |
| Fett | 36 g |
| davon gesättigt | 22 g |

**ZUTATEN**

**50 g Zucker**

**fein abgeriebene Schale und Saft von 1 kleinen Zitrone**

**fein abgeriebene Schale und Saft von 1 kleinen Limette**

**50 ml Marsala**

**300 g Schlagsahne**

**Limetten- und Zitronenzesten, zum Dekorieren**

1 Zucker, Zitronensaft und -schale, Limettensaft und -schale sowie Marsala in eine Schüssel geben, gut vermengen und 2 Stunden ziehen lassen.

2 Die Sahne zugeben und aufschlagen, bis die Mischung fest und cremig wird. Die Creme in 4 Dessertgläser füllen und 2 Stunden in den Kühlschrank stellen. Das fertige Dessert mit Limetten- und Zitronenzesten dekoriert servieren.

## Tipp

Statt Marsala können Sie nach Belieben auch die gleiche Menge halbtrockenen Sherry verwenden.

# Käsekuchen mit Limette

**Garzeit: 5 Min.**

**Vorbereitung: 30 Min., plus 2 Std. Kühlzeit**

**Für 2 Personen**

*Dieser Käsekuchen mit Limette und Minze hat einen Boden aus Butterkeksen mit Schokolade.*

| NÄHRWERTANGABEN | |
|---|---|
| Kilokalorien | 696 |
| Eiweiß | 18 g |
| Kohlenhydrate | 70 g |
| Zucker | 44 g |
| Fett | 40 g |
| davon gesättigt | 22 g |

### Variation

1 Esslöffel frisch gehackte Minze in die Quarkmischung in Schritt 3 einrühren. So erhalten die Kuchen ein besonders erfrischendes Aroma.

## ZUTATEN

**BODEN**

**2 EL Butter**
**25 g Bitterschokolade**
**90 g Butterkekse, zerkrümelt**
**1 TL pflanzliches Geliermittel**
**1 EL Limettensaft**
**1 Eigelb**
**3 EL Zucker**

**FÜLLUNG**

**fein abgeriebene Schale von 1 Limette**
**90 g Quark**
**90 g fettarmer Frischkäse**
**1 Minzezweig, die Blätter sehr fein gehackt (nach Belieben)**

**GARNIERUNG**

**Schlagsahne**
**Kiwischeiben**
**Minzezweige**

1

3

3

### Tipp

Sie können die Schokolade in Schritt 1 auch in der Mikrowelle schmelzen. Dazu Butter und Schokolade in eine Schüssel geben und auf höchster Stufe 1 Minute in der Mikrowelle erwärmen.

1 2 beschichtete Tortenförmchen (12 cm Durchmesser) einfetten. Für den Boden Butter und Schokolade in einer hitzebeständigen Schüssel über leicht kochendem Wasser zerlassen. Glatt rühren. Kekskrümel gleichmäßig in die geschmolzene Schokolade einrühren und dann fest in die Tortenförmchen pressen. Auf eine ebene Oberfläche achten. 1 Stunde kalt stellen, bis die Masse fest ist.

2 Für die Füllung Limettenschale, Quark und Frischkäse in eine Schüssel geben, glatt rühren und gut vermischen. Dann nach Belieben die Minze zugeben. Geliermittel im Limettensaft in einer hitzebeständigen Schüssel über köchelndem Wasser oder in der Mikrowelle etwa 30 Sekunden auf höchster Stufe auflösen.

3 Eigelb und Zucker cremig schlagen und unter die Quarkmischung ziehen. Dann das aufgelöste Geliermittel zugeben. Auf den Kuchenböden verteilen und kalt stellen, bis die Mischung fest ist. Zum Servieren die Käsekuchen vorsichtig aus den Tortenförmchen lösen. Mit Sahne, Kiwischeiben und Minzezweigen servieren.

# Mandel-Käse-Törtchen

**Für 4 Personen** **Vorbereitung: 20 Min., plus 1 Std. 30 Min. Kühlzeit** **Garzeit: 10 Min.**

*Diese cremigen Käsetörtchen sind nicht nur unwiderstehlich dekoriert, es steckt auch einiges in ihnen – allerdings kaum Fett.*

## NÄHRWERTANGABEN

| | |
|---|---|
| Kilokalorien | 361 |
| Eiweiß | 16 g |
| Kohlenhydrate | 43 g |
| Zucker | 29 g |
| Fett | 15 g |
| davon gesättigt | 4 g |

### ZUTATEN

- 12 Amaretti
- 1 Eiweiß, leicht geschlagen
- 225 g fettarmer Frischkäse
- 2–3 Tropfen Bittermandelaroma
- ½ TL fein abgeriebene Limettenschale
- 25 g gemahlene Mandeln
- 25 g Zucker
- 60 g Sultaninen
- 2 TL pflanzliches Geliermittel
- 2 EL kochendes Wasser
- 2 EL Limettensaft
- 25 g geröstete Mandelblättchen, zum Dekorieren
- Limettenzesten, zum Dekorieren

## Variation

Wenn Sie keine Limettenschale mögen, können Sie diese nach Belieben in Schritt 3 weglassen.

## Tipp

Sehr gut geeignet sind zum Backen der Törtchen auch kleine Kuchenringe. Aus diesen Formen lassen sich die Törtchen viel einfacher lösen.

1 Den Ofen auf 180 °C vorheizen. Die Amaretti in einem verschlossenen Gefrierbeutel mit einer Teigrolle zerkleinern. Amarettibrösel und Eiweiß in einer Schüssel vermengen.

2 4 beschichtete Tortenförmchen (9 cm Durchmesser) auf ein mit Backpapier ausgelegtes Backblech setzen. Die Amarettimischung in die Formen füllen, andrücken und im Ofen 10 Minuten backen, dann abkühlen lassen.

3 Frischkäse, Mandelaroma, Limettenschale, Mandeln, Zucker und Sultaninen vermengen.

4 Das Geliermittel in kochendem Wasser auflösen. Den Limettensaft einrühren und unter die Frischkäsemasse ziehen. Die Frischkäsemischung auf die Keksböden verteilen. Glatt streichen und 1 Stunde kalt stellen, bis sie fest ist.

5 Die Törtchen aus den Formen nehmen und auf Teller verteilen. Mit Mandelblättchen und Limettenzesten garnieren und sofort servieren.

# Traditionelles Tiramisù

**Garzeit: 5 Min.**

**Vorbereitung: 20 Min., plus 2–8 Std. Kühlzeit**

**Für 6 Personen**

| NÄHRWERTANGABEN | |
|---|---|
| Kilokalorien | 569 |
| Eiweiß | 12 g |
| Kohlenhydrate | 34 g |
| Zucker | 28 g |
| Fett | 43 g |
| davon gesättigt | 22 g |

## Variation

Der Amaretto kann nach Belieben durch Marsala ersetzt werden. Dadurch erhält das Tiramisù eine leicht veränderte Geschmacksnote.

*Ein beliebtes italienisches Dessert mit Kaffee- und Amarettogeschmack. Das herrlich lockere Tiramisù eignet sich vorzüglich für das Büffet.*

**ZUTATEN**

- **20–24 Löffelbiskuits**
- **2 EL kalter schwarzer Kaffee**
- **2 TL Instant-Kaffeepulver**
- **2 EL Amaretto**
- **4 Eigelb**
- **90 g Zucker**
- **einige Tropfen Vanillearoma**
- **abgeriebene Schale von ½ Zitrone**
- **350 g Mascarpone**
- **2 TL Zitronensaft**
- **250 g Schlagsahne**
- **1 EL Milch**
- **25 g Mandelblättchen, leicht geröstet**
- **2 EL Kakaopulver**
- **1 EL Puderzucker**

1

2

3

## Tipp

Amaretto ist ein Mandellikör. Mittlerweile finden sich in allen Supermärkten Mandelliköre von verschiedenen Herstellern. Sie sind alle für dieses Dessert geeignet.

1 Die Hälfte der Löffelbiskuits auf dem Boden einer Glasschüssel oder Servierschale auslegen. Kaffee, Kaffeepulver und Amaretto vermengen und die Biskuits mit ein wenig mehr als der Hälfte dieser Mischung beträufeln.

2 Eigelb, Zucker, Vanillearoma und Zitronenschale in eine Schüssel geben. Über einem heißen Wasserbad verquirlen, bis eine dicke Creme entsteht, die reißend vom Löffel fällt.

3 Mascarpone und Zitronensaft in einer Schüssel zu einer glatten Creme verquirlen. Die Eier- und die Mascarponecreme vermengen. Die Hälfte dieser Mischung über die Löffelbiskuits geben und gleichmäßig verstreichen, sodass die Biskuits bedeckt sind.

4 Eine zweite Lage Löffelbiskuits auf der Creme verteilen, mit der restlichen Kaffeemischung beträufeln, dann mit der verbliebenen Creme bedecken. Das fertige Tiramisù mindestens 2 Stunden, besser aber über Nacht in den Kühlschrank stellen.

5 Zum Servieren Sahne und Milch fast steif schlagen und über das Dessert streichen. Mit Mandelblättchen bestreuen. Kakaopulver durch ein Sieb gleichmäßig darüber verteilen. Zum Abschluss eine dünne Schicht Puderzucker über den Kakao sieben.

# Johannisbeeren in Cassis

**Für 4 Personen** **Vorbereitung: 10 Min.** **Garzeit: 10 Min.**

*Crème de Cassis ist ein französischer Likör auf Johannisbeerbasis. Er eignet sich hervorragend für Obstgerichte.*

**ZUTATEN**

**350 g schwarze Johannisbeeren**
**250 g rote Johannisbeeren**
**50 g Zucker**
**Saft und abgeriebene Schale von 1 Orange**
**2 TL Pfeilwurzelmehl**
**2 EL Crème de Cassis**
**300 g Schlagsahne, geschlagen, zum Servieren**

| NÄHRWERTANGABEN | |
|---|---|
| Kilokalorien | 202 |
| Eiweiß | 2 g |
| Kohlenhydrate | 35 g |
| Zucker | 35 g |
| Fett | 6 g |
| davon gesättigt | 4 g |

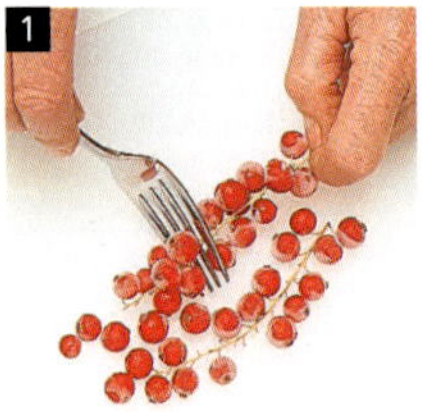

**Tipp**

Pfeilwurzelmehl ist das Extrakt einer tropischen Pflanze. Es eignet sich sehr zum Verdicken von Saucen.

1 Mit einer Gabel die Johannisbeeren von den Zweigen lösen und in einen Topf geben. Zucker, Orangenschale und -saft zu den Johannisbeeren geben und langsam unter Rühren erhitzen, bis der Zucker sich auflöst. Aufkochen und 5 Minuten köcheln lassen.

2 Die Beeren abseihen und in eine Schüssel geben. Den Saft zurück in den Topf gießen. Das Pfeilwurzelmehl mit etwas Wasser anrühren und zum Saft geben. Kochen, bis der Saft eindickt. Etwas abkühlen lassen, dann den Cassis einrühren.

3 Beeren mit dem eingedickten Fruchtsaft auf Dessertteller verteilen und mit der geschlagenen Sahne servieren.

# Gebackene Birnen mit Zimt

**Garzeit: 30 Min.** **Vorbereitung: 10 Min.** **Für 4 Personen**

*Dieses köstliche Winterrezept ist leicht zuzubereiten und zergeht auf der Zunge. Servieren Sie die Birnen mit einer leichten Vanillesauce.*

| NÄHRWERTANGABEN | |
|---|---|
| Kilokalorien | 207 |
| Eiweiß | 3 g |
| Kohlenhydrate | 37 g |
| Zucker | 35 g |
| Fett | 6 g |
| davon gesättigt | 2 g |

**ZUTATEN**

**4 reife Birnen**

**2 EL Zitronensaft**

**50 g brauner Zucker**

**1 TL gemahlener Zimt**

**60 g Halbfettmargarine**

**450 g fettarme Vanillesauce**

**Zitronenzesten, zum Garnieren**

**Variation**

Zimt durch gemahlenen Ingwer ersetzen und vor dem Servieren 1 Esslöffel erwärmten braunen Rum über jede Portion geben.

1 Den Ofen auf 200 °C vorheizen. Die Birnen schälen, der Länge nach halbieren und entkernen. Mit Zitronensaft einpinseln, damit sie nicht braun werden. Die Birnen mit der gewölbten Seite nach oben in einen beschichteten Bräter legen.

2 Zucker, Zimt und Halbfettmargarine in einen kleinen Topf geben und bei geringer Hitze unter Rühren erwärmen, bis der Zucker schmilzt. Nicht zu stark erhitzen, sonst verdunstet zu viel Wasser aus der Halbfettmargarine. Danach die Mischung über die Birnen träufeln. Die Birnen 20–25 Minuten im Ofen backen, bis sie weich und goldbraun sind. Dabei von Zeit zu Zeit mit der Zuckerlösung begießen.

3 Die Vanillesauce erhitzen und auf 4 Dessertteller verteilen. Auf jedem Teller 2 Birnenhälften anrichten, mit Zitronenzesten garnieren und servieren.

# Zitronenbaiser-Sorbet

**Garzeit: 10 Min.**

**Vorbereitung: 15 Min., plus 2 Std. Gefrierzeit**

**Für 4 Personen**

*Hier finden Sie eine wunderbare Verwertung von übrig gebliebenem Baiser. Reichen Sie eine aromatische Fruchtsauce dazu.*

| NÄHRWERTANGABEN | |
|---|---|
| Kilokalorien | 165 |
| Eiweiß | 5 g |
| Kohlenhydrate | 37 g |
| Zucker | 32 g |
| Fett | 1 g |
| davon gesättigt | 0,4 g |

### Variation

Sie können den Joghurt auch durch Quark ersetzen. Dadurch erhält das Sorbet eine festere Konsistenz.

### ZUTATEN

**8 Baisers**
**300 g fettarmer Naturjoghurt**
**½ TL abgeriebene Orangenschale**
**½ TL abgeriebene Zitronenschale**
**½ TL abgeriebene Limettenschale**
**2 EL Orangenlikör oder ungesüßter Orangensaft**

#### SAUCE

**60 g Kumquats**
**125 ml ungesüßter Orangensaft**
**2 EL Zitronensaft**
**2 EL Limettensaft**
**2 EL Wasser**
**2–3 TL Zucker**
**1 TL Speisestärke, mit 1 EL Wasser angerührt**

#### GARNIERUNG

**Kumquats, in Scheiben**
**Limettenzesten**

1

1

2

### Tipp

Um die Baisers wirklich gut zu zerkleinern, müssen Sie den Teigroller mit Ihrem ganzen Gewicht fest auf die Baisers drücken. So werden die Baisers fein gemahlen.

1 Die Baisers in einen Gefrierbeutel geben und mit dem Teigroller gut zerkleinern. In eine Rührschüssel füllen. Joghurt, Zitrusschalen und Likör mit den Baisers verrühren. Die Mischung in 4 Souffléförmchen füllen. 1½–2 Stunden ins Gefrierfach stellen.

2 Für die Sauce die Kumquats in dünne Scheiben schneiden und in einem kleinen Topf mit Zitrussäften und Wasser aufkochen. 2–3 Minuten kochen, bis die Kumquats weich werden.

3 Mit Zucker nach Belieben süßen, die angerührte Stärke zugeben und unter Rühren aufkochen, bis die Sauce eindickt. In eine kleine Schüssel geben, mit Frischhaltefolie abdecken und abkühlen lassen.

4 Zum Servieren die Förmchen 5 Sekunden in heißes Wasser tauchen. Die Sorbets auf Teller stürzen. Mit Kumquatscheiben und Limettenzesten garnieren und mit der Sauce servieren.

# Tropenfruchtspieße

**Für 4 Personen** | **Vorbereitung: 20 Min., plus 30 Min. Marinierzeit** | **Garzeit: 5 Min.**

*Exotische Fruchtstücke auf einen Holzspieß stecken, dann rasch auf einem Grill rösten und mit dieser köstlichen Schokoladensauce servieren.*

**ZUTATEN**

**1 Mango**
**1 Papaya**
**2 Kiwis**
**½ kleine Ananas**
**1 große Banane**
**2 EL Zitronensaft**
**150 ml weißer Rum**

**DIP**

**125 g dunkle Schokolade, in Stücken**
**2 EL heller Sirup**
**1 EL Kakaopulver**
**1 EL Speisestärke**
**200 ml Milch**

| NÄHRWERTANGABEN | |
|---|---|
| Kilokalorien | 435 |
| Eiweiß | 6 g |
| Kohlenhydrate | 68 g |
| Zucker | 60 g |
| Fett | 11 g |
| davon gesättigt | 6 g |

2

2

3

**Tipp**

Die Früchte in große Würfel schneiden. Dadurch lassen sich die Fruchtstücke einfacher auf die Spieße stecken, und sie fallen beim Grillen nicht ab.

1 Alle Zutaten für die Schokoladensauce in einen schweren Topf geben. Auf einem Holzkohlengrill oder einem Herd bei geringer Hitze unter ständigem Rühren erhitzen, bis die Sauce eindickt und glatt ist. Dann am Rand des Grills warm halten.

2 Die Mango halbieren und entsteinen. Das Fruchtfleisch in Stücke schneiden, die Schale entfernen. Die Papaya halbieren, entkernen und in große Würfel schneiden. Die Kiwis schälen und grob würfeln. Die Ananas schälen und würfeln. Die Banane schälen, in Scheiben schneiden und die Stücke in Zitronensaft tauchen, damit sie sich nicht verfärben.

3 Die Fruchtstücke abwechselnd auf 4 Holzspieße stecken. Dann in eine flache Schale legen, mit dem Rum übergießen und mindestens 30 Minuten ziehen lassen.

4 Die Spieße ca. 2 Minuten unter häufigem Wenden über heißen Kohlen grillen, bis die Fruchtstücke leicht angeröstet sind. Mit der vorbereiteten Schokoladensauce servieren.

# Schokoladen-Honig-Eiscreme

**Garzeit: 15 Min.**

**Vorbereitung: 30 Min., plus 5 Std. Kühl- und Gefrierzeit**

**Für 6 Personen**

*Eiscreme erfreut sich stets großer Beliebtheit, besonders im Sommer. Eine große Abwechslung bietet dieses ungewöhnliche Rezept. Das Eis wird mit schokoladenüberzogenen Erbeeren serviert.*

| NÄHRWERTANGABEN | |
|---|---|
| Kilokalorien | 365 |
| Eiweiß | 9 g |
| Kohlenhydrate | 48 g |
| Zucker | 47 g |
| Fett | 17 g |
| davon gesättigt | 9 g |

**ZUTATEN**

**500 ml Milch**

**200 g Zartbitterschokolade, in Stücken**

**4 Eier, getrennt**

**85 g Zucker**

**Salz**

**2 EL flüssiger Honig**

**12 frische Erdbeeren, geputzt**

**Tipp**

Die Eiscreme vor dem Servieren 10 Minuten in den Kühlschrank stellen, damit sie etwas auftaut. So kann sie gelöffelt werden.

1 Die Milch in einen Topf gießen und 150 g Schokolade zugeben. Die Schokolade bei mittlerer Hitze schmelzen und mit der Milch verrühren. Beiseite stellen.

2 2 Eigelb mit dem Zucker (1 Esslöffel zurückbehalten) schaumig schlagen, dann die Milch-Schokoladen-Mischung einrühren. Die Masse in einen sauberen Topf geben und bei geringer Hitze erwärmen, bis die Masse dick und glatt ist. Auskühlen lassen. Mit Frischhaltefolie abdecken und kalt stellen.

3 Das Eiweiß mit einer Prise Salz in einer fettfreien Schüssel schlagen. Den zurückbehaltenen Zucker einrühren. Den Honig in die Schokoladenmasse einrühren, dann das Eiweiß unterheben.

4 Die Creme auf 6 gefrierfachtaugliche Schalen verteilen und 4 Stunden ins Gefrierfach stellen. Währenddessen die restliche Schokolade in einer hitzebeständigen Schüssel über einem Wasserbad zerlassen. Dabei gelegentlich rühren. Die Erdbeeren in Schokolade tauchen, sodass eine Hälfte der Frucht mit Schokolade überzogen ist. Beiseite stellen. Die Creme aus dem Gefrierfach nehmen und 10 Minuten in den Kühlschrank stellen. Auf Teller stürzen und mit den Erdbeeren garnieren.

# Register

# Register